Rudolf
Vielfältige Gesichtspunkte in der Anthroposophie
Steiner

人智学のパースペクティヴ 2

エジプトの神話と秘儀

ルドルフ・シュタイナー
高橋　巖［訳］　飯塚立人［編集］

春秋社

目次

エジプトの神話と秘儀　全十二講　3

第一講　5
第三文化期と現代との深い外的、内的な関連
第二講　22
地球の生成／原子の発生／地球紀の時代区分と文化周期／宗教思想に反映された宇宙の出来事
第三講　42
アトランティス末期の人類と後アトランティス期の人類／古い秘儀の場／瞑想内容としての人体形姿
第四講　59
聖仙は秘儀の場で原始の地球の状況をイメージさせる／惑星の秘密／形と音と言葉による霊界体験／原言語が物質界にまで下りる
第五講　77
太陽と月と地球の三位一体化／音の形成力／オシリスとテュフォン
第六講　92
オシリスとイシスの働き／ホルスは未来の地球人の創造者／オカルト生理学とオカルト解剖学

第七講　105
月の離脱までの人体形成過程／月光の形成力／人間の上半身を形成するオシリスとイシス／アポロの竪琴

第八講　119
人体形姿の発達は黄道十二宮を通る太陽の運行に従っている／動物性の排出／月の力の作用／人間類型の四分化／神話による現実の表現

第九講　135
太陽の霊と月の霊／オシリスとイシス／知覚の変化と意識状態の変化／文化による物質界の征服／人間は自分自身を通して霊を物質界に組み込む／キリスト衝動はもっとも物質化された時点に生じる／人間が霊界への道を辿りなおせるように、神が人間に受肉する

第十講　154
昔の伝説は死から新しい誕生までの霊界体験を示している／人間の霊的意識の暗黒化／霊的な死／秘儀参入による霊的意識の目覚め／キリストによる救済／秘儀参入者はキリストの先駆者／エジプト秘儀の弟子は影像を通して自我の進化を学ぶ／この影像がギリシア神話に伝わる

第十一講　177
エジプト秘儀は見霊器官をアストラル体に植えつけ、三日半の仮死状態でエーテル体に刻印づける／エジプト秘儀の導師の霊的器官／死者にとってのキリスト

第十二講　199
ギリシア美術の霊的表現／物質を克服するキリスト衝動／集合魂の克服／エジプトにおける父の道と神の道／エジプトの民族魂イシス／イシスとオシリスの息子ファラオ／二四人の死者審判／遺伝は物質界で養われる／エジプト人の死後の体験が現代に甦える

『エジプトの神話と秘儀』を読む　［講演］高橋　巖　223

人間という秘儀に参入する　［講演］高橋　巖　263

編集後記　飯塚立人　291

エジプトの神話と秘儀

エジプトの神話と秘儀

全十二講

ライプツィヒにて

1908年 9 月 2 日〜14日

Ägyptische Mythen und Mysterien.

Im Verhältnis zu den wirkenden Geisteskräften der Gegenwart

第一講

一九〇八年九月二日

神智学は人間にとって何なのでしょうか。私たちがこの分野で養ってきたさまざまな感情によってそれに答えるなら、こう言えるでしょう――「神智学は私たちの人間性、私たちの内なる人間本性を発達させる道である」と。

こういう言い方は、真剣に考え、真剣に感じるすべての人の当然の生活目標を述べたにすぎません。最高の理想を達成しようとし、私たちの魂のもっとも重要な力を発達させようと願うときの生活目標を、です。すべての時代の最良の人たちは、いつもこう自問してきたのです――「どうすれば自分の内にある素質を発達させることができるのか」。その答えは、いろいろな仕方で与えられてきました。しかし、ゲーテが詩「秘密」の中で与えた、深い思いのこもった言葉以上に簡潔で明瞭な答えは見出せないでしょう。

自分に打ち克つ人だけが
すべての存在を拘束する暴力から
自己を解放する。

この言葉の中には、極めて多くの、極めて深い意味が込められています。なぜなら、すべての進化を可能にするものがはっきりと語られているのですから。人は自分を乗り超えていくとき初めて、内なる思いを進化させることができるのです。自分に打ち克つときにです。自分を克服する魂は、自分を超えていく道を見出します。そして、それによって人類の至高の財宝を手に入れるのです。

今回のようなテーマを問題にするとき、神智学のこの聖なる目標に思いを寄せることが大切なのではないでしょうか。そのときの私たちは、日常の地平から高次の課題に導かれるのです。古代エジプトから現代にまたがる時期を対象にするのですから、遥かに広がる時の流れを展望しなければなりません。数千年にわたる時の流れを展望しなければならないのです。しかも、これから私たちが獲得しようとするのは、私たちのもっとも深刻な魂の問題に関わる事柄なのです。私たちの魂の内奥に関わる事柄なのです。

人生の高みをめざして歩む人は直接の人生から遊離してしまう、というのは、見せかけにすぎません。毎日毎時間、私たちが日頃、心にかけている事柄を理解するにも、まさに人生の高みをめざすことが必要なのです。私たちはつらい日常から離れて、世界史、民族史の大きな出来事に眼を向けるとき、そのとき初めて、魂の内なる至聖の部分が見えてくるのです。古代エジプトというあの圧倒的なピラミッドやスフィンクスの時代と現在の私たちの時代との間の内密な関係を認識すべきであると言われると、びっくりなさるかもしれません。古代エジプトにまで眼を向けると、私たちの時代がより一層理解できるというのは、はじめは奇妙な主張だと思えます。けれども私たちは、もっともっと遠い過去にまで眼を向けなければならないのです。まさにそうすることが、私たちの願い、私たち自身を超えていく可能性を見出したいという願いをかなえてくれるのです。

神智学の基本概念と真剣に取り組んだことのある人なら、遠く離れた時代と時代との間に関連を見出そうとすることに異和感をもつことはないと思います。なぜなら人間の魂が繰り返して地上に戻ってくるということ、地上での体験は何度でも繰り返されるということは、私たちの根本的な確信なのですから。転生の教えは、私たちにとってますます信頼できるものになったのです。このことを考えれば、こう問うことができるはずです――「現在、私たちの中に住んでいるこの魂たちは、すでに何度も地上にいたのだ。その魂たちがかつて古代のエジプト文化期にも生きていた可能性は否定できないのではないだろうか。その当時、巨大なピラミッドや謎めいたスフィンクスを見上げた同じ魂が、今私たちの中に生きている、という可能性はないのだろうか」。

この問いは肯定されねばなりません。かつて私たちの中にあったイメージが、今新たに甦ったのです。かつて古代の文化記念碑を見上げたときと同じ私たちの魂が、こんにち同じ記念碑にふたたび立つのです。同じ魂が、当時も生きていたし、後世を生きぬいて、今ふたたび私たちの魂となって現れているのです。ですからどんな人生も、実りをもたらさないことはないのです。どんな体験、経験も、魂の中に留まり続け、そして力強い形態となって、気質となって、能力や素質となって、ふたたび現れてくるのです。

ですから、今私たちが自然を見る見方、時代の所産を受けとる受けとり方、世界を見つめる見つめ方は、古代エジプトにおいて、ピラミッドの国において植えつけられたのです。今、私たちが物質界に眼を向けるときの態度は、当時そのように用意されたのです。遠く離れた時代と時代とがどんなに秘密に充ちた仕方で結びついているか、そのことを今回究明してみたいと思います。

この連続講義の深い意味を知るには、地球紀の進化を遥か遠くまで遡っていかなければなりません。私たちの地球は何度も変化を遂げてきました。古代エジプト以前にも、別の諸文化が先行していました。オカルト的に探求すれば、さらにもっと遠くの過去をも、人類の薄闇の時代にまで眼を向けることができます。

その頃の地球は、現在とはまったく違った様子をしていました。アジアもアフリカも、まったく違った様子をしていました。見霊的に太古の時代を見ると、水力による大破局が地球上に生じて、地球の顔を根本的に変えてしまったことが分かります。さらにもっと遠い過去へ遡りますと、地球がまったく別の相貌をもった時代に到ります。こんにちヨーロッパとアメリカの間に横たわる大西洋の地盤が隆起して、陸地になっていた時代に到ります。当時の私たちの魂は、今とはまったく違う身体の中で生きていました。それは古アトランティス時代のことですが、この太古の時代について、外的な科学は今のところまだあまり情報を伝えることができずにいます。

次いで大変な水害による破局がアトランティスの国々を破滅に導きました。当時、人びとのからだは、別の形をしており、後になって今の姿に変わったのです。しかし、現在の私たちの中に住んでいる魂は、太古のアトランティス人の中にも住んでいました。当時も私たちの魂が存在していたのです。

次いで水の破局がアトランティス諸民族を内的に衝き動かして、西から東への大移動を生じさせました。この諸民族とは、私たち自身のことです。私たち自身が、アトランティス期の末期に、西から東へ、アイルランド、スコットランド、オランダ、フランス、スペインを通って移動していったのです。こうしてアトランティス諸民族は東方へ向かい、ヨーロッパ、アジア、北アフリカに居を定めました。

さて、西方からの民族大移動の頃、アジア、ヨーロッパ、アフリカの諸地域に先住民がいなかったと思ってはなりません。ヨーロッパのほとんど全土、アフリカの北部、アジアの大部分には、当時すでに人びとが生活していました。これらの地方には、西方から人びとが移住してきただけでなく、もっと以前にも移住してきた人びとがいたのです。先住民たちの大半も異国から移ってきた人たちだったのです。

平和な時代が到来したとき、特別の文化状況が始まりました。例えば、アイルランドの近辺には、大破局以前から地上の人類全体の中のもっとも進歩した人びとが住んでいましたが、この人びとは、偉大な人物たちの指導の下に、ヨーロッパを通って、中央アジアにまで到り、そこからさまざまな地方へ送り込まれました。そういう居留民がインドにも送られ、その地に太古より居住していた先住民と出会いました。この先住民は独自の文化をもっていました。新しく送られてきた居留民たちはその既存の文化のすべてを否定したわけではなかったので、当初の後アトランティス文化がそこに誕生しました。それは外的な資料が伝える時代よりも何千年も古い文化でした。外的な資料は、その数千年後のものです。

私たちが「ヴェーダ集」と呼ぶ、あの偉大な叡智の宝庫は、超地上的存在たちに導かれ、聖仙たちに創始された、非常に古いインド文化の最後の余韻のようなものです。ですからこの余韻からでは、かけがえのないその文化のごく僅かしかイメージできないのです。ヴェーダは、あの太古の聖なるインド文化の残照にすぎないのですから。

この文化のあとに、後アトランティス時代の第二文化期が来ます。ツァラトゥストラの叡智の源流であるこの文化から、ペルシア文化が生じました。インド文化は長く続き、ペルシア文化も長く続きました。この文化のいわば総決算をしたのが、ツァラトゥストラ［ゾロアスター］です。

次いで、ふたたびナイル河地域に送られた居留民の影響の下に、新しい文化が生じました。この文化はカルデア＝エジプト＝アッシリア＝バビロニアという四つの名前でまとめることができます。西南アジアとアフリカ北部とで、後アトランティス期の第三の文化が形成されました。この文化は、一方ではカルデアの天文学、カルデアの星の叡智と、他方ではエジプト文化において頂点に達しました。

次いで南ヨーロッパで発達した第四期が来ます。これはギリシア＝ラテン文化の時代で、その朝焼けはホメロスの詩歌の中に現れています。この文化を代表するものは、ギリシア彫刻とアイスキュロスやソポクレスの悲劇を生んだ文芸です。ローマ文化もその一部です。この文化期は、ほぼ前八世紀、前七四七年に始まり、一四～一五世紀、キリスト生誕後一四一三年まで続きました。

次いで私たちの時代である第五期になります。この文化期の後、第六、第七文化期が続きます。そして第七文化期に、古インド文化が新しい形で甦るでしょう。

すばらしい諸力がこれらの文化期を貫いて働いて、さまざまな文化期を互いに関連づけています。このことを私たちに理解させるひとつの特別な法則があるのです。最初のインド文化期は、ずっとあとになって、最後の第七文化期に新しい姿で甦るのです。そこにはまったく神秘的な諸力が作用しています。

そして、第二のペルシア文化期は、第六文化期にふたたび現れます。私たちの文化が没落してしまったあとで、第六期の文化の中にツァラトゥストラ宗教が甦るのです。そして、今回の連続講義で述べるように、私たちは第五文化期において、第三のエジプト期の一種の甦りを体験しているのです。第四文化期は、ちょうど中間に位置して、独立しており、以前にも以後にも同じものをもっていません。

この神秘的な法則を理解するために、まず第一文化期と第七文化期との関連を考えてみましょう。――インドの文化には、現代人のヒューマニズム意識に異和感をもたせるようなところがあります。すなわちカースト制度の存在です。人間が祭司カースト、戦士カースト、商人と労働者にあらかじめ区分されているのです。この厳格な身分制は、現代人の意識に異和感を与えます。しかし、第一後アトランティス文化期においては、この制度は人びとに異和感を与えませんでした。それは当然のことだったのです。当時は、魂のさまざまな能力次第で人間が四つの等級に分けられるのは、必要なことでした。それが厳しいことだとはまったく感じられませんでした。なぜなら、偉大な指導者たちが一人ひとりの魂の能力を四つの等級に分けたのですから。指導者たちは権威者であり、彼らが定めた制度は、当然従うべきものとされました。

この指導者たち、七人の聖仙たちはアトランティスで神々から教えを受け、人間がどう区別されるべきかを的確に示すことができました。ですから、人びとがグループに分かれて働くようになったのは、ごく自然なことだったのです。

第七文化期においては、まったく異なるグループ分けが生じることでしょう。第一文化期においてグループ分けがなされたのは、権威者の意向でしたが、第七文化期では、そうではなく、人びとはそれぞれ自分で、それぞれの具体的な観点に立ってグループに分かれることでしょう。

蟻の生態を見てみましょう。蟻の創り出す国家は、そのすばらしい建造物といい、途方もない課題を果たす能力といい、人間の国家をはるかに超えています。それにもかかわらず、私たちに異和感を与えるようなカースト制度が敷かれています。どの蟻も部分的な課題しか与えられていないのです。

こんにちの私たちでも考えることができます。——どんな社会にも制度は必要だ。そして一人ひとりがそれぞれの事情に応じた仕方でグループに分かれることに人類の未来があるのだ、と。そうすれば、労働の分担と同権とを両立させることができるでしょうから。この点で人間社会はいつか、すばらしい調和を示すようになるでしょう。私たちは未来の年代記の中に、社会の中でのそのような人と人との調和を読みとることができるようになるでしょう。そのとき古代インド期が甦ったのです。そして今、それと似た仕方で、第三文化期の特徴が、私たちの第五文化期に甦っているのです。

今回の私たちのこのテーマに直接結びつくものとしては、まず第一にあの壮大な建造物ピラミッドと謎めいたスフィンクス像とがあります。

あとで述べますように、古インド期の人びとの魂は、エジプトにも転生し、現在にも転生しています。そして、この一般的な法則をもっと具体的に、文化現象に即して辿るために、まず二つの例に注目しなければなりません。この二つの例は、エジプト文化と現代文化との超地上的な関連の秘密に光を当てることを可能にしてくれます。私たちは異なる文化期における繰り返しの法則に注目しました。そのことは、私たちが宗教の分野に眼を向けるとき、限りなく、ますます重要なものに思われてくるのです。

私たちは誰でも、深い宗教性を感じさせるひとつの絵画作品を知っています。この絵はさまざまな事情の末に、私たちの中部ドイツにいま所蔵されています。ラファエロのあの有名な

「システィーナの聖母《マドンナ》」です。

無数の複製で世界中の人によく知られたこの画面全体から、私たちはすばらしい無垢、純粋さを感じとることができました。聖母の顔の中にも、母子像の独特な浮遊の中にも、子の深い眼差しの中にも、それを感じとることができました。そして数多くの天使の頭部が現れてくる周囲の雲塊を見ると、画面全体のこの気分を、さらに深く感じとることさえできます。

思い切って、あえてこう言うこともできるのではないでしょうか——「母の腕の中のこの幼児を見てみよう。背後の雲塊には大勢の小天使の頭部が組み込まれている。幼児は通常の生まれ方をしたのではない。この子も背後の雲の中を浮遊する小天使たちのひとりなのだ。幼児イエス自身、雲の中からマドンナの腕の中に飛び込んだのだが、今は他の小天使たちよりももう少し濃縮した存在になっている」。

こういう感じ方は、健全な感じ方なのです。私たちが心の中にこういう感情を生きいきと抱くなら、展望が開けて、存在の自然的な関連に捉われている狭い見解から解放されるでしょう。さらにこの絵から、私たちの狭い視野が広げられ、自然科学の諸法則に従って生じる事象も、かつては別様でありえたのだと思え、かつては性的な出産とは違った出産があったことさえ可能だったと思えるようになるでしょう。要するに、この絵の中から人間の働きと霊界の働きとの深い関連を見てとることができるのです。

このマドンナ像から古代エジプトに眼を転じますと、非常によく似た、崇高な宗教像に出会います。それは女神イシスの像です。エジプトの女神イシスには次の言葉が結びついています――「私こそは、かつてあり、今日あり、いつかあるであろうものである。この世の誰も、私のヴェールをぬがせることはなかった」。

厚いヴェールに閉ざされた深い秘密が、うるわしき女神イシスの姿の中に表現されています。古代エジプト人の霊的な意識の中では、私たちのマドンナが幼児イエスを抱いているように、女神イシスが幼児ホルスを抱いていました。このイシスが私たちに示しているのは、永遠なるものを胸に抱いている、という事実です。そしてこのことは、マドンナ像を見たときに感じるあの思いを想起させるのです。

イシスの中には、深い秘密が込められています。それは霊的な現実にもとづいた秘密です。すなわち、イシスはマドンナとなってふたたび現れる、という秘密です。こういう関連があるのです。エジプト文化と現代文化との間の超地上的な関連を表わしているこの深い秘密を、私たちは感情を込めて認識しなければなりません。

もう一つ別の例もあります。私たちは皆、エジプト人が死者をどう葬ったか知っています。エジプト人は死体をミイラにすることに、特別の意味を与えていました。肉体の形姿が長い間保存されるように努めたのです。そして墳墓をミイラで満たし、死者のために特定の家財道具、所持品をも生前の思い出として、死者の傍らに埋めました。家財道具は物質生活を送るのに必要なものが選ばれました。このように地上生活の必需品も、ミイラと共に保存されるべきだったのです。エジプト人は、死者たちをこの世の世界と結びつけていました。この習慣はますます普及していき、まさに古代エジプト文化の特質を示すものとなりました。

けれどもこのことは、エジプト人の魂に重大な結果を生じさせました。私たちの魂がエジプト人の体の中にあった、と考えてみて下さい。私たちの魂が、ミイラの中に受肉する、ということは、まったくありうることなのです。これまでお話ししてきたことからも分かっていただけるように、人間は、死後に肉体とエーテル体から解放されると、別の意識を持つようになります。アストラル界を生きるときの死者は、決して意識のない状態で生きるのではありません。死者は霊界から地上の生活を見下ろすことができるのです。こんにちの地上の人間がこの世からあの世を見上げることはできないとしても、あの世の人間は地上の物質界を見下ろすことができるのです。その場合、生前の自分の肉体がミイラとなって保存されているか、あるいは焼かれたり、腐敗したりしているかは、どうでもよいことではないのです。そのことによって特定の関連が生じるのですから。

私たちはこの秘密に満ちた関連に注目しようと思います。古代エジプト人の肉体が長いあいだ保存され続けたことによって、その魂は死後の間に特別の体験をしました。死者たちは下界を見下ろして、これが私の体だということがわかりました。死者たちは、生前その肉体に拘束されていました。死者たちはその肉体から死後も印象を受けとることができました。ミイラとなった肉体が与える印象は、深く魂に刻印づけられました。そしてこの印象に従って魂が形成され続けました。

さて、そういう魂が転生を重ね、ギリシア＝ラテン文化を通過し、こんにちの私たちの中に生きているのです。

死後の魂が自分のミイラを見、繰り返し生前の肉体のことを想起し続けることは、その魂に一定の作用を及ぼします。このことはとても大切なことなのです。魂たちは自分の肉体に共感を持ち続け、地上界を見下ろし続けます。そして、そのことの結果がこんにちの第五文化期に、外的、物質的な生活を特別大切にする傾向を生じさせたのです。私たちが物質にこだわり続けるのは、魂が第三文化期に霊界から自分のミイラ化された肉体を眺め続けたことによるのです。それによって今、生まれてから死ぬまでのこの肉体だけが重要なのだ、と言うようになったのです。

こういう物質愛は、決して無から生じたりはしません。こう申し上げたからといって、ミイラ文化を批判するつもりなのではありません。ただ魂の転生と結びついた必然の法則に眼を向けたかったのです。人間がさらに進歩発展を遂げるためには、ミイラを霊界から見下ろすことが必要だったのです。

もしもエジプト人がミイラ礼拝を行わなかったら、こんにちの人間は物質界にもっと無関心だったことでしょう。物質界に深い関心をもつためには、ミイラ崇拝が必要だったのです。こんにちの人が近代の物質文明を享受しているのは、エジプト人が死後の肉体をミイラ化したことの結果なのです。

事実、このミイラ文化は、未来を見通すことのできた秘儀参入者の影響下にあったのです。人びとがふと思いついて、ミイラをつくりはじめたのではありません。まさにあの当時、高次の個性たちが人類を指導し、未来のために正しい生き方を定めたのです。

こういうことが権威の下で生じたのです。当時の秘儀の学堂においては、私たちの文化期が第三文化期と関連していることが分かっていました。この秘密に満ちた関連は祭司たちには見えていました。ですから祭司たちは、ミイラ化することを命じ、そうすることで魂たちが外なる物質界の中で霊的な経験を求めるようにしたのです。

このように世界は叡智に導かれています。ミイラは、第三文化期と私たちの文化期との関連を示すもう一つの例なのです。こんにちの人間が、今考えているように考えるのは、古代エジプトにおいて体験したことの結果なのです。こうして私たちに深い秘密が、文化の流れの中で開示されます。今、私たちがすでにこの連続講義の冒頭でこの秘密に触れたのは、「システィーナの聖母《マドンナ》」がイシスの像を想起させるにしろ、ミイラの中にこういう秘密があるにしろ、こうした事例は、現実の霊的関連にごく淡く触れているだけだからです。けれどもこれから私たちは、連続講義の中で、もっと深くこの文化関連に光を当てていくつもりです。そして外に現れる事柄だけを考察するのではなく、その根底にあるものにも注意を向けようと思います。

外的な人生は、誕生から死までの間で進行します。死後の人間は、カマロカ期や霊界での体験が教えているように、地上よりもはるかに長い人生を生きるのです。超感覚的世界での諸体験は、この物質界での諸体験よりももっと多様なのです。いったい古代エジプト人だったときの私たちは、あの世において何を体験したのでしょうか。

ピラミッドの稜線を眼で辿り、謎めいたスフィンクスに注目したときの私たちの人生は、何と違った在り方をしていたことでしょう。当時の私たちの魂は、誕生から死までの間を何と別様に生きたことでしょう。こんにちの人生とは比較にもなりません。比較しても意味がないくらいです。

そして、死から新しい誕生までの諸体験は、誕生から死までの体験よりももっと複雑なのですが、当時のエジプト文化期における死後の魂は、ギリシアの世界におけるとき、カール大帝時代におけるとき、そして私たちの時代におけるときとはまったく別の体験をしていました。

霊界においても魂は進化するのです。こんにちの人が死後に体験する事柄は、エジプト人の場合とはまったく違っています。ミイラ加工の技術が継承されて、こんにちの考え方の原因となっているように、第三文化期のこの文化習慣が第五文化期の人びとの物質愛を生じさせているように、死から新しい誕生までの間の秘密に満ちた世界においても、魂は進歩し発展するのです。このこともこれから詳しく考察していくつもりです。死後の世界における秘密に満ちた関連が本当に理解できたとき、何が私たちの内部でのあの古代の果実なのかも、本当に理解できるようになるでしょう。

そのためには、地球紀の進化の迷宮の中へと下りていかねばならなくなります。けれどもまさにそのことを通して、かつてエジプト人が建造し、カルデア人が思考した第三期の文化と、こんにちの私たちの生活との深い関連が実感できるのです。あの当時の行為の結果が今の私たちの環境の中に、文化生活の中に、明確な形をとって現れているのです。これからの講義の中で、この関連の物質的、霊的な側面に光を当てようと思います。そのために時代がどのように進歩発展していくか、第四文化期がどのように第三文化期と第五文化期とのすばらしい結び目となっているかが示されるはずです。こうして世界の重要な関連が展望できるようになるでしょう。その結果、今の私たちの内部に生きているものを深く理解できるようになるでしょう。

第二講

一九〇八年九月三日

昨日はいわゆる後アトランティス期の生活状況、特に精神状況について、特に各文化期の相互関係について考察しました。後アトランティス期の最初の文化期が最後の第七文化期において繰り返され、ペルシア文化期が第六文化期において、そして、明日から集中して取り上げるエジプトの文化期が第五文化期における私たち自身の生活と運命の中で繰り返される、と申し上げました。第四文化期であるギリシア＝ラテン期は例外的な位置にあって、繰り返されない、とも申し上げました。アトランティス期に続く後アトランティスの諸文化の眼に見えぬこのような関連を素描風に示唆することができました。アトランティスは巨大な水の破局によって没落しましたが、後アトランティス時代も最後は没落する運命にあるのです。

後アトランティス期の最後も、アトランティス期の最後に似た破局が生じるのです。第五地球紀の第七文化は、「万人の万人に対する戦い」によって終熄を迎えるでしょう。

繰り返しとなって現れる興味深いこの関連をもっと詳しく調べますと、私たちの魂のいとなみの深層にまで光を投げかけることができます。

今日はこの連続講義の一種の土台作りをするために、あらかじめ別の繰り返しに眼を向けようと思います。遥かなる私たちの地球の生成に眼を向けると、その壮大な展望は私たちの心を深く捉えずにはおかないのです。

ただあらかじめここで注意しておきますと、図式的な繰り返しに陥ってはなりません。神秘学の分野で、例えば、第一文化期は第七文化期において、第三文化期は第五文化期において繰り返される、というような繰り返しについて語るとき、つい相互の関連、相互の結びつきのほうに心が向いてしまい、何ごとについても同じ図式をあてはめようとしてしまいます。そうすることができる、とつい思い込んでしまうのです。実際、神秘学について書かれた多くの本を読むと、そういう思い込みによっていろいろひどいことが述べられています。ですから大事なのは、関連を見つけ出すことなのではなく、ただただ直観、霊的直観の内実だけなのです。このことを忘れると、間違ってしまいます。関連づけには注意が必要なのです。私たちが霊界の中で読むことのできる事柄は、論理でも理解できますが、論理的な関連だけでは何も見えてきません。経験しなければ体験できないのです。

そこで文化期のことをもっと詳しく知るために、地球の生成に眼を向けようと思います。果てしなく遠い過去の出来事を見ることのできる見霊者の目の前に現れる地球の生成にです。

地球の生成過程を遥か遠くまで回顧するとき、私たちの地球がいつも現在のような状態にはなかったことが分かります。かつての地球は現在のような固い鉱物の地盤をもっていませんでした。鉱物界は現在のようではなく、現在のような植物や動物もいませんでした。そして、人間は現在のような肉体をもっていませんでした。骨格ももっていませんでした。

そういうすべては、後になって形成されたのです。私たちが眼を過去に遡らせれば遡らせるほど、地球は遠くから見ると、霧のような、精妙なエーテルの雲のような状態になっていきます。この霧は現在の私たちの地球よりもはるかに大きな広がりをもち、太陽系の一番外側の惑星たちの軌道よりももっと先まで広がっていました。そのような途方もなく大きい雲塊がすべてを包んでおり、その内部には、後の私たちの地球だけでなく、すべての惑星と、太陽そのものまでも含まれていました。

観察者がそこに近づいて、この雲塊をもっと詳しく調べることができたなら、それが精妙なエーテルの点の集まりから成り立っていたことが分かったでしょう。蚊柱を離れたところから見ると、雲のように見えますが、近づいて見ると、一つひとつが蚊です。原初の地球の雲塊もそのような様子をしていました。当時は私たちの意味での物質ではなく、エーテル状にしか濃縮されておらず、その地球形成体は個々のエーテルの点から成り立っていたのです。そしてその一つひとつの点には、ある特別のものが結びついていました。

今私たちは、肉眼でこれらの点を見ることができるかのように話しているのですが、もちろん肉眼でそういうものを知覚することはできません。見霊者の眼だけが過去をそのようにふり返って見ることができるのです。ですから見霊者の見たものを比喩で説明してみようと思います。

ばらの種を例にとるとします。十分に熟した野生のばらの種です。その種はどんな様子をしているでしょうか。小さな形をしています。野生のばらの種のことを知らない人は、そこからばらの花が咲くなどとは決して思いつかないでしょう。種の形からは、花の姿を推測することは決してできません。しかし、一定の見霊能力をもっている人は、次のような霊視を体験するのです。——種は次第に視野から消え、その代わり見霊的な眼の前には、種から霊的に生長する花のような姿が現れるのです。その姿は見霊的な眼の前に現実の形をとって現れます。霊的にしか見ることのできない現実の形をとってです。

この形はあとになって種から生長するものの原像です。この像がその種から生じる植物と同じ姿をしていると思うと間違ってしまいます。それは全然違うすばらしい光の形姿であり、複雑な生成過程を示しているので、種からあとになって現実に生じるものは、見霊者が種の中に見るこのすばらしい光の形姿の単なる影である、と言うことさえできるのです。見霊者が見る植物の原像をこのようにイメージした上で、今ふたたび、私たちの原地球の個々のエーテルの点に戻ろうと思います。

この例におけるような仕方で、見霊者が原初の地球のエーテルの点に向きあったとしたら、このエーテルの点という種からも、ちょうど植物の種から光の形姿が生じるように、それと似た仕方で光の形姿が生長してくるでしょう。その形姿は現実には存在しない華麗な姿をしており、まどろみながらこの粉のような種の中に休んでいるのです。

見霊者が見るこの地球の原アトムは一体何ものなのでしょうか。そこから何が生じるのでしょうか。そこからは、こんにちの人間形姿の原像が生じるのです。そしてその形姿は――植物の原像が実際の感覚的な植物と異なっているように――、物質上の人間とは異なっています。

人間の形姿はその当時、エーテル状の種の中で霊的存在として、まどろんでいました。そして、そのまどろみ、休んでいた存在をこんにちの人間へと発展させるためには、これまでの地球紀の進化のすべてが必要だったのです。そのためには、多くの、実に多くの経過が必要でした。植物の種が植物に生長するために、大地に播かれ、太陽が暖かい光を降りそそぐなど、多くのことが必要であるように。そして、その間に生じたすべての経過を明らかにすることができたとき、どのようにしてその種が人間になったかを、少しずつイメージできるようになるでしょう。

原初の地球は、すべての惑星とひとつに結びついていました。けれども、まず私たちのもっとも身近かな太陽と月と地球だけを取り上げようと思います。私たちの太陽、月、地球は、当時は別々にではなく、一緒に存在していました。この三つの天体を大きな宇宙鍋に入れて粥状にかきまぜ、それを一大宇宙体と考えてみるなら、地球の原初の状態を太陽と地球と月の合成体としてイメージできるでしょう。

もちろん人間は、その当時もっぱら霊的な状態でしか生きることはできませんでした。なぜなら、現在のような太陽も地球と合体していたのですから。そして地球が太陽と月のすべての本性や力と一緒だった状態は、長い間続きました。人間はその間、原アトムとして霊的な状態で存在していました。この状態が変化したのは、太陽が独自の天体となって、地球と月をあとに残して分離したときからです。このことは私たちの宇宙進化における非常に重要な出来事でした。今や、これまで統一体であったものが二つに分かれ、太陽があり、その一方に地球プラス月があったのです。なぜ、こういうことが起こったのでしょうか。

すべて生じたことには、もちろん深い意味があります。その意味を理解するには、当時を回顧して、地上には人間だけが生きていたのではなく、霊的な他の存在たちも人間たちと結びついて生きていたことを知らなければなりません。この霊的存在たちは、肉眼では知覚できませんが、人間や他の物質上の存在たちと同じように真実の存在でした。例えば、私たちの地球の周囲にはキリスト教の秘教でいう「天使」たちが生きています。この本性たちをイメージしようとするには、地球がその進化の過程を終了したときに人間の立っている段階に、今この本性たちが立っている、と考えなければなりません。現在この本性たちは、地球紀の進化目標に達したときの人間と同じところに立っているのです。大天使または火の霊は、もっと高い進化段階に立っています。この本性は、全民族の働きに霊眼を向けるときに見ることができます。民族の働きは、大天使によって導かれているのです。

さらに高次の本性たちは「人格霊」と呼ばれます。時代とさまざまな民族とを凝視し、諸民族相互の関係や対立を観察するとき、通常「時代霊」と呼ばれるこの本性たちに出会います。例えば、今の時代がこの本性たちによって導かれていることを知ることができます。

さらに一層高次の本性たちは、キリスト教の秘教ではエクスシアイまたは「形態霊」と呼ばれます。このように私たちの地球には、数限りない霊的本性たちが、一種の位階制をとって人間と結びついて存在しているのです。

私たちが鉱物から始めて、鉱物から植物へ、植物から動物へ、さらに人間へと昇っていくときの人間は、最高の物質存在です。しかし、その他に霊的な本性たちが同様に存在しており、私たちの間に、私たちを貫いて存在しているのです。

今述べた地球進化の始まりに、地球はいわば原初の霧となって、永遠の母胎から立ち現れました。そのとき、これらすべての本性たちが地球と結びついて、そしてそれと同時に人間形姿とも結びついて存在し、人間形姿に浸透していました。

上に述べた本性たちだけでなく、運動霊、叡智霊、トローネ、ケルビーム、セラフィームのような、もっと高次の本性たちもいます。これらすべての本性たちは、あの力に充ちたエーテルの粉状の種と内的に結びついていました。それらの本性たちは異なる進化段階に立っていました。人間には予感することもできないほどに崇高な本性たちもいますが、人間の傍にいる本性たちもいます。これらの本性たちはまったく異なる段階に立っていたので、人間のような仕方で進化を遂げることはできません。そういう本性たちは、自分たちにふさわしい居住地を見つけ出す必要がありました。高次の本性たちの中には、低次の本性たちと結びついたままでいたら、非常に多くを失わなければならなかったような本性たちもいました。ですから、その本性たちは別の道を辿りました。霧からもっとも精妙な成分を取り出して、太陽の中に自分たちの居住地を作ったのです。その本性たちはそこに彼らの「天」を用意し、自分たちにふさわしい進歩のテンポを設定しました。

もしもこの本性たちが地球に残してきた乏しい成分の中に留まっていたとしたら、それによって彼らは進化し続けることができなかったでしょう。そうすることは彼らの進化にとって鉛の錘《おもり》のような妨げになったことでしょう。このことから分かるように、宇宙体の分裂のような、物質界で生じることは、物質的な原因で生じるだけではなく、自分の進化にとって新しい居住地を必要とする本性たちの力によっても生じるのです。その本性たちは宇宙住居を建てなければならないので、別の星に移るのです。そういう霊的な原因が根底にあることを知っていなければなりません。

地球プラス月には、人間並びに天使、大天使のような第三ヒエラルキアの高次存在たち、そして人間よりももっと下位にある本性たちが留まっていました。その中に、本来なら太陽の舞台で生きるだけの成熟を遂げていた或る強力な本性がいました。この本性はみずからを犠牲にして、地球プラス月と運命を共にしたのです。それが後にヤハヴェまたはエホヴァと呼ばれた本性です。この本性は太陽から離れて、地球プラス月における運命の導き手になりました。このように二つの居住地があるのです。太陽にはもっとも崇高な存在たちがいました。この存在たちはグノーシス派がプレロマと呼んでいた崇高な或る本性の指導の下にありました。この本性は、太陽の王であるということができます。

ヤハヴェは地球プラス月の指導者です。もっとも高貴でもっとも崇高な霊たちが太陽を居住地として地球から離れていってしまい、地球と月とがあとに残ったということを、決して忘れてはなりません。月は当時はまだ分離せずに、地球の中にいました。

地球から太陽が分離したこの宇宙的な経過に関して私たちは何をどのように感じとればいい

のでしょうか。何をおいても、太陽とその居住者たちとを、以前地球と結びついていたもっとも気高い、もっとも純粋な存在であると感じとれなければなりません。そしてさらに、地球プラス月がもっと低次の天体としてつくられていることを感じとれなければなりません。当時の地球プラス月の状態は、現在の地球の状態よりももっと低次の在り方をしていました。現在の地球はふたたびもっと高い段階に立っています。なぜなら地球は月を分離させ、そして月と共にみずからの粗雑な成分を排除したのですから。人間がそういう粗雑な成分を保ち続けていたら、更なる進化を遂げることはできなかったでしょう。地球は月を放出せざるをえなかったのです。

しかしそれ以前の地球には、もっと暗く、もっとおそるべき時代がありました。高貴な進化の素質をもっていたものが、悪しき、非常に悪しき力の支配下におかれたのです。人間は、ひどい生存条件を月と一緒に外に排出したことによって、初めて更なる進化を遂げることができたのです。

その場合、光の原則、崇高さの原則、太陽の原則が闇の原則、月の原則に対立して存在していました。当時分離した太陽を霊視することができたなら、太陽に居住地を見出す存在たちの他にも、別のことが知覚できたはずです。分離した太陽には霊的存在たちの関連が見えただけでなく、アストラル的な巨大な光のオーラが見えたことでしょう。そのオーラはエーテルとしては現れることがありませんでした。エーテルはもっと粗野な成分を示すものだからです。太陽の光の原則が、輝くオーラとなって、宇宙空間に現れるのを見たでしょう。

けれども地球は、この光を外へ排出してしまいました。地球の成分はまだ鉱物にまでは固定されていませんでしたが、そのとき、地球は突然濃縮化の様相を呈し始めました。当時は、善と悪、明と暗が原則的に互いに対立していました。

では、月を排出する以前の地球はどんな様子をしていたのでしょうか。現在の地球とはまったく違っていました。当時の地球の核は、燃える火の塊《かたま》りでした。火の核でしたが、その周りを、巨大な水の力が取り巻いていました。とはいえ、現在の水とは違います。金属が流動状態で含まれていたからです。そういうすべての中に、人間が存在していたのですが、まったく別の姿で存在していたのです。

月を分離したときの地球は、そういう状態でした。まだ空気は見出せませんでした。当時地球にいた存在たちは、空気を必要としない、まったく別の呼吸系をもっていました。人間は一種の魚類＝両棲類になっていて、そのからだは柔かい、流動する物質から成り立っていました。当時の人間が吸い込むのは、空気ではなく、水中の含有物でした。当時の地球は、そういう様相を呈していたのです。

その地球は現在の地球よりも、もっと低い地位にありました。そうならざるをえませんでした。太陽と月が地球から分離しないで、このままの状態を続けていたら、正しいテンポ、正しい発展手段を見つけ出せなかったでしょう。地球が太陽とひとつになっていたら、すべてがあまりに速いテンポで進行したでしょうし、現在月で作用している働きと共にいたら、すべてがあまりにもゆっくりと進行したでしょう。大破局によって月が地球から引き離されたとき、空気層と水の層との分離が次第に用意されました。当時の空気は現在の空気とは違い、あらゆる種類の蒸気がその中に含まれていました。しかし、その当時次第にこんにちの人間へ向かう一定の素質が用意されました。これらすべてについては、あとで詳しく述べるつもりです。

このように現在の人間は、三つの状況を通ってきたのです。第一は地球と太陽と月がひとつだったときの状況です。すべての高次の本性たちがひとつの天体の中に共に生きていました。その天体は、見霊的に見ると、すでに述べたような在り方を示しています。次いで地球プラス月という、非常にめぐまれない状況にある人間が見えます。人間がこの状況に留まっていたら、非常に悪意のある、おそろしく粗暴な存在になったことでしょう。太陽が分離したとき、一方で太陽が、他方で地球プラス月が対立していました。太陽は宇宙空間の中で壮大な太陽オーラとなって光輝いていました。他方、地球プラス月は、人間の高貴な要素をも引きずり込む、おそろしい力を持ち続けました。ですから二分化されたものが三分化されなければならなかったのです。太陽は同じ状態のままでしたが、地球が月から分かれたのです。もっとも粗野な成分を排出した地球上に、人間は留まり続けました。

宇宙の第三期に眼を向けますと、三重の原則をもった力の働きが感じられます。この力はどこから来たのでしょうか。

宇宙の第一期における人間は、まだ太陽の高次の力のすべてと結びついていました。第二期の支配的な力は、月と共に外へ出ていき、人間はそのことを救済のように受けとりましたが、まだ太陽の諸存在とひとつに結びついていた第一期に思いを馳せました。人間はあこがれることを知ったのです。自分を勘当された子のように感じました。そして太陽と月と共に出ていった力のゆえに、自分を太陽と月の息子であると感じることができました。

このように私たちの地球は統一した存在から二重の存在に、そして三重の存在に、太陽と地球と月に発展してきました。月が分離したので、人間がやっと進化する可能性を得た時代は、レムリア期と呼ばれます。そして途方もない火の破局がレムリア期を終熄に導くことで、第四期であるアトランティス期の状況が次第に地上に現れてきました。初めて陸地が水面上に隆起しました。すでに月の分離から長い時が経っていましたが、地球はこの分離によって、発展を遂げることができたのです。

アトランティスの人間は現在とはまったく違っていました――このことについては、あとで触れるつもりです――、しかしアトランティス期になる頃の人間は、すでに柔かい、ただよい、泳ぐことのできる塊量となって移動し、空気のからだを有機化するところまで進化していました。骨格は長いことかかって発達し、アトランティス中期までに、若干現在の私たちの姿に似るところまで来ました。しかし、アトランティス人は現在の私たちとは異なり、見霊意識をもっていました。現在の私たちの地上意識は、ずっとあとになって発達したのです。私たちが当時の人間を理解しようとするのでしたら、当時の見霊意識に眼を向けなければなりません。そのためには、現在の私たちの地上意識と較べるのが一番いいでしょう。

現在の私たちは、朝から晩まで、世界を感覚によって知覚します。感覚を働かせて、絶えず見たり、聞いたりしています。しかし夜眠ると、この感覚世界は無意識の海の中に沈んでしまいます。もちろんオカルティストにとって、睡眠中も無意識になるのではなく、ただ意識の水位が下がるだけです。いずれにせよ、現在の人間は、二重の意識をもっているのです。明るい昼の意識と睡眠意識もしくは夢意識です。アトランティス期の初期の頃は、そうではありませんでした。

アトランティス初期の頃の覚醒と睡眠の交替を考察してみましょう。一定の時間、人間は肉体の中に沈潜しました。しかし、現在のように対象のはっきりした輪郭を知覚したのではありません。例えば、私たちが冬の深い霧の中に入っていったと考えてみて下さい。または霧の日の夕方、街燈がぼんやり光のオーラに包まれていると考えてみて下さい。そうすればアトランティス人の対象意識がほぼイメージできるでしょう。すべてがそういう霧に包まれていたのです。すべては霧の中にあるかのようでした。これが当時の昼の風景でした。

夜になると、状況は一変します。夜の眺めも現在とはまったく違います。アトランティス人がからだの外に出ていくと、無意識の中に沈むのではなく、神的＝霊的な存在の世界、自我存在の世界にいたのです。アトランティス人はこの存在たちを周囲にいる仲間だと思っていました。現在の人間は睡眠中にこういう存在たちを見ることはありませんが、アトランティス人は、霊の海の中に沈潜して、そこで神的存在たちに出会ったのです。昼間は低次の領界の仲間であり、夜間は高次の本性たちの仲間でした。人間は、たとえ薄明の中にいたとしても、霊的な意識の中で生きたのです。自己意識をもっていなかったとしても、神的＝霊的本性たちの下で生きたのです。

今私たちは地球紀の進化における四つの期間を辿りました。第一に太陽と月がまだ地球と結びついていた時期です。この時期をイメージするなら、こう言わなければなりません――「本来この地球の存在たちは、純粋な、理想的な存在なのだ」と。この時期の人間は本来、エーテル体として存在していました。その姿は霊眼にしか見えませんでした。次いで第二期に到ります。太陽は独自の天体となり、オーラとして現れ、そして月プラス地球は悪の世界でした。

次いで第三期に到ります。月は地球からも分離します。そして地上には、この三分化したことの成果である力が働いています。次いで第四期が来ます。人間はすでに物質界の存在です。物質界が霧の中でのように現れます。睡眠中の人間はまだ神的本性たちの仲間です。この時期、つまりアトランティス期は烈しい水の破局で終わるのです。

そして今、私たちはさらに一歩先へ進み、後アトランティス期に到るのです。すでに述べたように、後アトランティス期の人間は、すでに何千年もの間、発展を遂げてきました。まず後アトランティス期の最初の諸文化、原インド文化、原ペルシア文化、エジプト＝カルデア＝バビロニア文化、ギリシア＝ラテン文化、そして私たちの第五文化が続きます。人間はその間に特に何を失ったのでしょうか。アトランティスに眼を向けるときにはっきりイメージできる一つのことを失ったのです。

アトランティス人の睡眠状態をイメージしてみて下さい。人間はまだ神々の仲間として、霊界を知覚することができました。この知覚はアトランティスの破局後、失われてしまいました。夜の闇が人間の周りに拡がりました。その代わり、昼の意識が明るくなり、自我が発達しました。人間は明るい昼の意識を獲得しましたが、古い神々は人間の前から消えてしまい、記憶に残るだけでした。魂が体験したすべては、第一後アトランティス期には単なる思い出に、神的本性たちとのかつての交流の思い出にすぎなくなりました。

さて、私たちは魂が同じものであり続け、そして転生する、ということを知っています。太古のアトランティス期に、私たちの魂はすでに存在して、身体に宿っていました。その同じ魂は、月と太陽が地球から離れたときにも存在していましたし、地球紀の第一期にも存在していました。人間はすでにエーテルの花粉の中にも存在していたのです。そして今、後アトランティス期の五つの文化期が示す宗教観、世界観は、以上に述べた地球紀の諸時期への思い出以外の何ものでもないのです。

第一の原インド期はひとつの宗教を発達させました。その宗教は、内なるひらめきのように現れます。太陽と月がまだ地球と結びつき、太陽のあの崇高な存在たちがまだ地上に住んでいた、最初期(ポラール期)をイメージと感情とで繰り返しているだけなのです。ですから、崇高なイメージが呼びさまされなければなりませんでした。インド人の意識は、天使、大天使、すべての霊たち、すべての高次の神々、本性たちと結びついた霊を、地球の最初の状態である原始の霧の中のその霊を、ブラフマという或る高次の個性の名の下に統合したのです。後アトランティス期の第一文化期は、すでに生じたことをこの霊において繰り返したのです。この文化は最初の地球紀を、内観の中で繰り返したのです。

第二文化期を見てみましょう。光と闇の原則の中に、私たちは原ペルシア文化期の宗教意識を見ます。偉大な秘儀参入者たちは二つの本性が、ひとつは太陽として、もうひとつは月として人格化されているのを見ました。この秘儀参入者たちはこの二つの本性を対比しました。アフラ・マズダオ、光のオーラ、オルムズトは、ペルシア人が最高の神として崇拝した本性です。アーリマン（アフリマン）は、地球プラス月がもっていたすべての本性たちを代表する悪霊です。地球の第二期（ヒュペルボレイオス期）への思い出がペルシア人の宗教なのです。

そして、第三文化期の人びとはこう言いました――「私の中には太陽と月の力がある。私は太陽の子であり、月の子である。太陽と月のすべての力は、父と母のように現れている」。

原初期の統一がインド人の考え方の中に現れ、太陽の分離後の二分化がペルシア人の宗教の中に反映しているとすれば、太陽と月の分離後の地球の第三期に存在していた三分化は、エジプト人、カルデア人、アッシリア人、バビロニア人の宗教観の中に現れているのです。三分化は、第三文化期のすべての宗教観の中に現れており、そしてエジプトにおいては、オシリスとイシスとホルスによって代表されているのです。

地球の第四期であるアトランティス期の人間意識が体験した、人間は神々の仲間であるという思い、それへの思い出はギリシア＝ラテン文化期に現れます。ギリシアの神々は、アトランティス期に人びとが自分を神々の仲間だと思っていたときのその神々への思い出、人間が夜間、肉体から離れたときに見霊的に見たエーテル形姿の神々への思い出にほかなりません。

現在の人間が外に対象を見るのと同じ確かさで、当時の人間はゼウス、アテネその他を見たのです。当時の人間にとって、神々は真実の形姿をあらわしていたのです。アトランティス人が見霊状態で体験し、感得したものを、第四後アトランティス文化期の人びとはパンテオン(万神殿)の中で繰り返したのです。そして、エジプト時代がレムリア期の三分化の思い出だったように、アトランティス期の体験は、ギリシアの神々のヒエラルキアの中に思い出として存在していたのです。ギリシアにおいては、他のヨーロッパにおいても、アトランティス人が見たのと同じ神々が、他の名称の下に存在していたのです。これらの神々の名は、考え出されたのではありません。その名は、人間と並んで各地を遍歴していた、神々の形姿にふさわしい名だったのです。

このように、宇宙規模の時代区分は後アトランティス期の諸文化期の宗教観の中に象徴的に表現されています。アトランティス期の睡眠時の体験は、第四文化期の中でふたたび甦りました。私たちは第五後アトランティス期に生きています。第五文化期の私たちは今何を想起することができるのでしょうか。第一文化期の古インド人たちは、第一地球期(ポラール期)を想起することができました。ペルシア人は第二の地球期(ヒュペルボレイオス期)の善と悪の原則を、古エジプト人は第三地球期(レムリア期)の三分化を想起しました。ギリシア=古ゲルマン=ローマ文化期はみずからのオリュンポス山をもっていました。この文化期はアトランティスの神々の形姿を想起したのです。それから私たちの第五文化期になりました。第五文化期は何を思い出すことができるのでしょうか。

何も思い出すことができないのです。なぜこの時期に、いろいろな関連で、無神論的な風潮が蔓延したのでしょうか。そして、この第五期がなぜ過去ではなく、未来を見ようとしているのでしょうか。その理由がここにあるのです。第五期はすべての神々がふたたび復活する未来に眼を向けなければならないのです。神々とのこの再結合は、キリストが現れて、ふたたび神的な意識を与えることができるほどに力強く人間に働きかけた時代に準備されました。第五文化期の神々の姿は、回想ではありえません。第五文化期の人間は、先を見通すのでなければなりません。そうすればふたたび生活が霊的になるのです。第五後アトランティス期の意識は、黙示録的にならなければならないのです。

昨日は後アトランティス期の諸文化の関連を見ました。今日は宇宙的な出来事が諸文化の宗教観に反映されているのを見ました。

私たちの第五文化期は世界の真ん中に立っています。ですから、先を見通さなければなりません。キリストは私たちの時代になって初めて完全に理解されなければなりません。なぜなら私たちの魂は、秘密に充ちた関連の中に深く組み込まれているからです。私たちの第五文化期にエジプト時代が繰り返されることで、実際に未来を見通すことができるような緒が与えられるのです。これからそのことを見ていこうと思います。

第三講

一九〇八年九月四日

昨日は地球紀におけるかつての進化状態が、相前後する秘密にみちた関連の中で、それぞれの文化期の世界観を示している、と申し上げました。そして注目すべき事実に触れました。すなわち、アトランティス大陸の大破局が地球の顔を変えてしまったとき、ヴェーダ以前の、インド文化期における最古の聖なる文化とその偉大な哲学が、太陽、月、地球の未分化な地球紀初頭の状態を映し出しているという事実に触れました。当時の人びとが意識を高めて霊視した事柄は、地球紀初頭の現実を見事に映し出していたのです。そしてさらに、太陽が分離し、地球と月がまだ一体となっていた地球紀第二期の状態は、ペルシア文化期の哲学＝宗教体系の中に映し出されていること、すなわち太陽オーラにおける光の原則と闇の原則の対立、オルムズドとアーリマンの対立として表現されていることに触れました。

後アトランティス期の第三文化期に当るエジプト＝バビロニア＝アッシリア文化期は、地球と太陽と月が三つの別々の天体になったときのことを霊視し、そして表現しています。すでに大雑把にお話ししたように、オシリス、イシス、ホルスの三統一という第三期のアストラル的な三統一の中に、太陽、地球、月の天上の三統一が映し出されているのです。

さらにまた、すでにお話ししたように、地球と月の分離はレムリア期に生じました。そしてレムリア期のあとにアトランティス期が続きます。アトランティス期は地球紀の第四の進化状態を示していました。人びとは現在とはまったく違った異なる意識をもって、後にヴォータン、バルドゥル、トール、ゼウス、アポロンなどと呼ばれる神々と共に生きていました。アトランティス人は見霊能力でこれらの神々を知覚することができました。アトランティス時代のこの見霊能力は、ギリシア＝ラテン期の諸民族や北ヨーロッパの諸民族の中で繰り返して回想されています。それは以前の意識状態での諸体験の記憶でした。ヴォータンであれ、ゼウスであれ、マルス、ヘラ、アテナであれ、これらすべては、アトランティス期の神々の霊姿への思い出だったのです。

第四文化期の諸宗教の中には、アトランティス期における地球紀の進化状態が映し出されているのです。そこで今日は、インド期、ペルシア期、エジプト期の人びとの魂の中に沈潜して、古い文化期における宗教体験についてイメージを持とうと思います。その場合、古代諸民族の代表的な人物たち、悟りの境地に達した見霊者、預言者たちは、アトランティス期を代表する人たちの後継者だったと思わなければなりません。古いアトランティス文化は、大破局のあとすべて破滅してしまったのではありません。アトランティス時代の文化はその後も新しい時代(後アトランティス期)に移植されました。ですから、最後のアトランティス人たちの魂のいとなみに沈潜するなら、その子孫である後アトランティス期の人たちの魂をも、よく理解できるようになるのです。

アトランティス期の最後の時代の人びとは、互いに非常に異なっていました。ある人たちはまだ高度に見霊能力をもっていました。この見霊能力は、突然消えてしまったのではありません。西から東への大移動に参加した人たちの多くには、この能力がまだ残っていましたが、別の人たちの場合はすでに失われていました。

先進的な人と退嬰的な人とがいました。そして、当時の進化の全体としての在り方からすると、もっともすぐれた見霊能力の持ち主こそがもっとも進歩していない人たちだったのです。なぜなら、その人たちは以前の状態に留まったまま、アトランティス人の特徴を保持し続けていたのですから。もっとも進歩していた人たちとは、こんにちの昼の意識に近いような、物質知覚を身につけた人たちのことだったのです。そのもっとも進歩した人たちは、夜、霊界を霊視することをやめ、覚醒時にますます鋭く輪郭づけられた対象を見るようになったのです。

そして、すでに述べたように、偉大な秘儀参入者のひとりだったというよりは、もっとも偉大な秘儀参入者だったというべきマヌとその弟子たちとによって、小さなグループが、つまりアジアの深部にまで導かれ、そこから他の諸民族を豊かにした小民族グループ、もっとも早くから日常生活のために古い見霊能力を失った小民族グループが、当時のもっとも進歩した人たちの中から選ばれました。この人たちにとっては、昼の意識がますますはっきりと現れてきました。今の私たちはこの意識の力で鋭い輪郭をもった物質対象を見ているのです。

偉大な指導者たちはこの小民族グループが隔離されて生きることができるように、このグループをアジアのもっとも遠いところにまで導きました。そうしなかったら、古い見霊能力を保持し続ける別の諸民族と容易に交流し、混合していったでしょう。別の諸民族と一定の期間離れたことによって、新しいタイプの人間が生じえたのです。こうしてひとつの居留地が内アジアに設けられ、そこから偉大な文化の流れがさまざまな民族のところにまで達することができたのです。

まず北インドが、この中心から新しい文化の流れを受け取りました。すでにお話ししたように、文化居留地を形成しているこの小民族集団はどこにも無人の地を見出しませんでした。なぜなら、あの大民族移動が西から東へ向う以前、すでに大規模な移住が常に生じていたのだからです。新しい陸の隆起が海の底から生じたときは常に、移住民たちがそこに定住してきたのです。ですから、アジア深部のあの居留地から外へ送り出された民族は、マヌに導かれた民族集団よりももっと停滞していたすべての他の民族集団と混交し、共生しなければなりませんでした。

こんにちの植民地運動のような仕方で、秘儀参入者たちは居留地を建設したのではありません。別のやり方をしました。居留すべき土地で出会った人びとの心に即したやり方をしなければならないことを、秘儀参入者たちは知っていたのです。使者たちは、言いたいことを相手に押しつけたりはせず、出会った相手の立場を考慮しました。調停が行われ、先住者たちの要求が受け容れられました。

以前の時代への記憶に基づく宗教観や古くからの見霊的素質を配慮することも必要でした。もっとも進歩した人たちの中の小さな一団だけがそういうことから自由に、純粋なイメージをつくることができました。大半の人びとの場合、古いアトランティス期の宗教観と後アトランティス期の宗教観との妥協の産物がイメージとしてつくられました。ですからインド、ペルシア、エジプトその他、後アトランティス期のさまざまな文化地域の諸民族の中には、そのどこにもあまり進歩していない、文明化されていない宗教観念が見られましたが、そういう観念、イメージはアトランティス人の宗教観念の一種の継続だったのです。

これらの民族の宗教観念がどんなものだったかを考えるためには、アトランティス最後期の人びとの魂の中に入ってみなければなりません。アトランティス期の人間は、夜、無意識になったのではなく、昼間の意識と同じような、知覚活動を行っていました。そもそもこの時代にも昼と夜について語ることができるならば、です。昼は、こんにちの私たちがはっきりと見る感覚的知覚の世界の最初の痕跡を知覚していました。夜は神霊的本性たちの仲間でした。こんにちの私たちにとって鉱物の存在を証明する必要がないように、アトランティス人にとって神々の存在を証明する人はありませんでした。神々は仲間でした。アトランティス人自身が、夜は霊的本性だったのです。彼のアストラル体と自我は霊として霊界の中をあちこち移動して、自分と同質の本性たちと出会ったのです。

もちろん、そのとき出会ったのは、高次の霊的存在ばかりではありません。後にゼウス、ヴォータンなどと呼ばれた存在たちよりもはるかに低次の霊たちにも出会いました。もちろんゼウス、ヴォータンその他だけがいたのではなく、そういう神々はもっとも選ばれた霊的本性たちでしたから、いわばこんにちの人にとっての王や皇帝たちと似ていました。こんにち多くの人は、王や皇帝を実際に見ていなくても、王や皇帝たちがいると信じています。こういう一般人間的な意味で、人びとは昼の意識においても、こんにちとは違った仕方で周囲の対象を知覚しました。昼の意識も違ったものだったのです。

では、アトランティス人の昼の意識とは、どんなものだったのでしょうか。

すでに申し上げたように、アトランティス人は朝、肉体の中に沈むと、神々の本性たちから離れ、その代わりに対象が霧に包まれたように現れました。当時の昼の覚醒時のイメージはそのようでしたが、そのイメージを正確に理解しようとするなら、別の特徴も考慮に加えなければなりません。その人が池に近づいた、と考えてみて下さい。池の水はこんにちのようにはっきりと輪郭づけられては現れません。しかし、アトランティス人が池の水に注意を向けると、こんにちの誰かが池に近づくときとはまったく違った内的体験をしました。池に近づく際、ただ魂をそこへ向けるだけで、その魂の中に一種の感情が立ち上ってきたのです。あたかも池の水を飲まなくても、物質として目の前にあるものを味わったかのように。ただ見るだけで、その水が甘いとか辛いとかと、感じとれたのです。

そもそもこんにちの私たちが水を見るときとはまったく違っていました。こんにちの私たちは、水の表面だけを見て、水の内側には入っていきません。まだ薄暗い見霊能力が残っていた昔の人は、池に近づくと、そこに自分とは違うものを感じとったのではなく、その水の特質とひとつになっている自分を感じとったのです。こんにちのように対象に向き合ったのではなく、まるで水の中に入り込むことができたかのようだったのです。私たちが岩塩の塊りに向かっていったなら、そこに近づくにつれて塩の味を味わったことでしょう。こんにちの私たちは、まず塩を口に入れて味わわなければ、味が分かりませんが、当時の私たちは、見るだけで味わうことができたのです。そのときは自分が対象そのものの中にいるかのようでした。事物を魂をもった存在として知覚し、事物に塩の味を与える本性たちを知覚したのです。

当時の人にとって、すべては魂をもっていました。風、地、水、火、すべてが内なる何かを打ち明けてくれたのです。人は対象の内部へ入って感じとることができました。対象の本性の内部に生き、そして感じたのです。魂のない対象としてこんにちの意識の対象になっているようなものは、当時は存在していませんでした。ですから人間は万象の内部を見、それを共感と反感で感じとったのです。対象の内的本性が体験できたのです。

このアトランティス人の体験の思い出が、後アトランティス期になっても、いたるところに残っていました。ですから、先ほど述べたアジア深部から出て行った人たちが出会ったインドの先住民の中にも、事物とのこういう交流を魂の中で体験する人たちがいました。その人たちは、事物の中に魂が生きて働いているのを知っていました。事物の特質を見る能力を保持していたからです。

人間と事物とのこの関係全体を考えてみましょう。当時の人間は、池に近づいて、水の味を味わいました。その際、水に味を与える霊的本性が見えました。水のそばに身を横たえて眠ると、夜間、この霊的本性に出会うことができました。昼の間は物質の側面を見、夜の間にすべてを貫いて生きる霊的存在を見たのです。昼は対象を、石や植物や動物を見、風の吹く音、水の流れる音を聴きました。夜は、昼間知覚したものの内部を見ました。その真なる形姿を、です。そのときは万象の中に生きる霊たちを見たのです。当時の人がこう言ったとします——「鉱物、植物、水、雲、風の中には、そのいたるところに、霊たちが生きている」。そう言ったとしても、決して詩的な気分を語ったのではなく、知覚することのできた事実をそのまま語ったのです。

ですから古代人の魂を理解するには、深くその魂の中に沈潜しなければなりません。そうすれば、現代の学者がアニミズムについて語り、万物を有情化し、人格化するように民族の想像力を促している、と述べることがどんなに見当はずれのことか、分かるでしょう。そういう民族の想像力など存在しません。民族のことを本当に知っている人は、アニミズムに頼ったりはしません。学者たちは繰り返して、特徴的な例をあげて納得のできる説明をしようとします——「机にぶつかって、机に心があると思い、机をたたく子どものように、子どもっぽい太古の人物も、自然物、樹木その他に魂があると思い、そういう物語を作り上げたのだ」、と言うのです。

このような比較、類推は、いやになるまで繰り返されてきました。その場合、想像力が働いていたことは確かなのですが、その想像力を行使していたのは、学者のほうであって、民族だったのではありません。夢見ていたのは、学者のほうだったのです。万物に魂を認めた人たちは、夢見ていたのではなく、自分が知覚したことを再現してみせただけだったのですから。

このような知覚が後アトランティス期の諸民族の中に残滓のように存在し続け、思い出となって甦ったのです。子どもは机に魂があるとは思っていません。机の中に魂を感じているのではなく、自分自身を木の板であるかのように思っているのです。子どもは自分に魂があるとは感じていませんから、魂のない机と自分とを同じレヴェルに置き、机をぶったのです。学者の著作の中に述べられていることのまさに正反対こそが事実なのです。私たちがインド、ペルシア、エジプト、ギリシアその他どこへ行こうとも、いたるところで上に述べたのと同じ感じ方、考え方を見てとることができるでしょう。古代の秘儀参入者たちが与えた文化が、人びとの感じ方、考え方の中に注ぎ込まれたのです。

古インド期には、聖仙たちが文化を導きました。私たちはインド的な見方のもっとも重要な形姿のひとつがどのように形成されたのか、少し理解しなければなりません。どんな時代にも、いわゆる「秘儀の学堂」が存在していました。この学堂で自分の精神能力を発達させることのできた人たちは、宇宙をより深く洞察するようになりました。まどろんでいる能力を目覚めさせて、事物相互の霊的な関連を見てとることができるようになりました。文化の霊的な衝動は、このような秘儀の場から、あらゆるところに流れていきました。

秘儀参入者を根本的に理解しようとするのでしたら、その本質をもっとも容易に理解できる後アトランティス期における秘儀参入者を考察しなければなりませんが、アトランティス期においても、秘儀の学堂はすでに存在していました。このことを理解するために、アトランティス期の秘儀の学堂の方法に身を置いてみなければなりません。

当時は、すでに述べた意識状態が存在していました。あの時代にまで遡りますと、現在の人体形姿はまだ見られません。当時の人間は、別の人体をもっていました。もちろんアトランティス前半期のことです。人間はすでに肉体、エーテル体、アストラル体、自我から成る存在でしたが、肉体はまったく別の姿をとっていました。肉体は或る種の海の動物たちに較べられるような、透明な姿をしており、ほとんど周囲と見分けられませんでした。しかし、一定の方向線に則って光を発していたので、容易にさわってみることはできたでしょう。人間の肉体はこんにちよりもはるかに柔軟で、まだ骨はありません。軟骨めいたものはありましたが、肉体はまったく現在の姿とは違っていました。

これに反して、人間のエーテル体は、はるかに重要度の高い本性部分でした。当時の肉体は多かれ少なかれ、似ておりましたが、エーテル体は、当時は非常に巨大でした。そして一人ひとりそれぞれ違っていました。その違いは、ほぼ四つのタイプに分類できるかもしれません。ある人間はこのタイプを、別の人間は別のタイプを示していました。

さて、この四つのタイプには、それぞれ名がつけられ、牡牛、獅子、鷲、人間という黙示録の動物の名をもっていました。これらのエーテル形姿がこんにちの動物とよく似ていたと思ってはなりませんが、これらの名の動物の与える印象を想起させるところがあったことも確かです。当時のエーテル体の与える印象は、獅子、牡牛、鷲、人間のイメージによって理解することができます。強い生殖力をもったエーテル体、または非常に食欲旺盛なエーテル体は、牡牛と較べられます。より精神的な生き方をする別のタイプは、鷲型人間です。このタイプの人間は物質界をあまり住み心地がいいとは思っていません。別の人間はエーテル体の中にこんにちの肉体に似たものをもっていました。まったく同じではありませんが、そのエーテル体は人間形姿のようでした。もちろん一人ひとり一つのタイプだけがあらわれているのではありません。一人ひとりの中にこれら四つのタイプのすべてが含まれていましたが、そのうちのどれか一つが支配的だったのです。

アトランティス人のエーテル体の状態をこのように見てみますと、このエーテル体が特別に強力であったことが分かりますが、その一方、アストラル体はまだ未発達だったことも分かります。そして自我は、まだまったく人間の外に存在していました。ですから当時の人間は、現在の人間とはまったく違っていたのです。もちろん早熟な人間たちは、後《のち》の姿をすでにとっていましたが、本質的に当時の人間は、今述べたような特徴を示していました。それが当時の平均的な人間の状態でした。

アトランティス秘儀を求めた秘儀の弟子たちの場合は、まったく違っていました。当時の秘儀の場を霊視して、教師の教えを知ろうと試みてみましょう。この教師とは一体何者だったのでしょうか。

もしも現代の誰かが秘儀参入者に出会ったとしても、その外形からその人が秘儀参入者であることをまったく認めることはできないでしょう。秘儀参入者であることを外形から認識できるような人はめったにいません。なぜなら、人体がまったく出来上ってしまっている現在では、秘儀参入者が人体の中に生きている限り、他の人と区別がつかないからです。

しかし、当時の秘儀参入者は他の人びととまったく違っていました。他の人びとはまだ動物的な形姿を示しており、肉体は巨大なエーテル体に較べると、小さく、鈍重な動物と変わりありませんでしたが、一方、秘儀参入者の肉体はすでに現在の人間の姿に似ていました。現代人と同じような顔立ちであり、額も現在の一般人と同じように秀でていました。秘儀参入者は当時すでに脳を発達させており、他の人の脳はまだ未発達だったのです。そういう秘儀参入者たちがいて、教えの場をもち、その秘儀の学堂で、特定の方法によって、一般の人びとの中から弟子を選び、弟子たちの成長、成熟のために努めていました。

次のことを理解していただくために、注意すべきことがあります。こんにちの人間の場合、成長が過ぎると、人間の精神力は肉体を十分に支配することができなくなります。もちろん私たちは手足を動かしたり、自転車に乗り、坂道でペダルを踏むときにも平然と表情を変えずにいることができます。つまり、ある程度はからだを支配できるけれども、そういう能力はアトランティス人の肉体に対する支配力に較べると、あわれな名残りでしかありません。アトランティス時代には、思考、感情が肉体に対してはるかに大きな影響を及ぼしていました。思考が肉体に本質的な影響を及ぼすことができました。

こんにち誰かにひとつの思考内容が数週間、数ヶ月または数年間働きかけたとしても、特別の例外はあっても、エーテル体以上には影響を及ぼしません。例えば、瞑想によって肉体に影響を及ぼすことは非常に稀です。もしも現代の誰かが瞑想によって引っ込んでいる頭脳を少し前のほうに、つまり額の骨を張り出させ、瞑想の働きを骨にまで及ぼすことができたとしたら、奇蹟的な成果をあげたことになるでしょう。そんなことはめったにありません。思考内容を肉体に作用させようとしたら、途方もないエネルギーを費やさなければなりません。血行を良くしたり、呼吸器系に作用したりすることは、もっと容易ですが、それもそう簡単なことではありません。エーテル体にならこんにちでも影響を及ぼすことができます。思考内容が強力に働いて、次に生まれ変わったとき、身体の外形までが変わる、ということはありえます。こんにちの人がこの人生のためではなく、次の人生のために思考を働かせることはありえますし、それは大切なことです。魂は不滅であって、繰り返し戻ってくるのですから。

しかし、アトランティス時代の秘儀の学堂では、まったく事情が違っていました。思考内容が支配的でした。比較的短時間内に影響が肉体にまで及びました。その結果、秘儀の弟子は自分の身体組織を人間に似たものに高めることができたのです。ですから、当時の弟子を通常一般人の中から選び、その弟子に正しい衝動を与えればよかったのです。弟子は自分で思考を働かせる必要はありません。一種の暗示によって、思考内容がその弟子の魂の中に組み込まれればよかったのです。弟子は自分の魂の前に特定の霊的形姿を生じさせ、その形姿の中に沈潜しなければなりませんでした。さまざまな機会にアトランティスの秘儀参入者は弟子に一定の思考形態を与えました。そして、弟子はその思考形態の中に繰り返して没頭しなければなりません。それはどんな思考形態だったのでしょうか。弟子はどんなイメージに集中しなければならなかったのでしょうか。弟子は何を瞑想したのでしょうか。

まず、地球の原状態が示されました。地球紀の発展全体が素描され、根源の塵埃《じんあい》の中の光の形姿について語られました。当時の見霊能力で原子を見たとしたら、こんにちの人間の原像がそこから立ち現れたことでしょう。人間の原像がこの塵埃の粒子から、この根源の原子から生じたのです。太古の人間の形姿ではなく、アトランティス人の形姿でもなく、こんにちの人間の形姿が原アトムから現れたのです。そして、アトランティスの秘儀参入者は何をしたのでしょうか。根源の種子から生じた人間のこの原像を、彼は弟子の魂の前に置きました。ですから、弟子はこの原像を瞑想しなければなりませんでした。アトランティスの秘儀参入者は人間形姿を思考形態として、弟子の魂の前に置きました。その形姿の中に含まれていたすべての衝動、すべての感性と共にです。

弟子は自分が獅子のタイプなのか、その他なのか、自分が後アトランティス期に人間となるべきときの思考像を自分の魂の前に置かなければなりません。弟子はこの思考像をいつも理想としていました。この思考像を欲しなければなりません。私の肉体はこの像のようにならなければならない、と瞑想したのです。

弟子が思考形態として自分の中に生かしたこの像の力を通して、自分を他と区別できるような身体が作り上げられたのです。この像の力で特定の諸部分が作り変えられ、そして次第にもっとも進んだ弟子たちがますますこんにちの個性的な人間に似てきたのです。

この点にアトランティス秘儀の注目すべき秘密があります。もうひとつ別のことも注目を惹きます。人間がどのように個的に形成されようとも、太陽と地球がまだ一体だったときに存在していた霊的な像が、その人びとの魂の前に浮かんでいたのです。そしてこの像は地球の根底にある霊的な意味として、ますますはっきりと現れました。この像はあれこれの人種の像としてではなく、人類のすべてに通じる理想として現れたのです。

弟子はこの像を前にして、次のような感情を心に抱きました――「最高の霊的存在たちはこの像を欲した。この像によって、人類に統一がもたらされるのだ」。

この像を実現させることが地球進化の意味であり、そのために太陽は地球から分離し、月が離れたのです。人間はそれによって人間になることができました。これは最後に現れるべき地球の高い理想なのです。そして瞑想する弟子の中に、この高い理想が生きいきとした感情となって流れ込んだのです。

以上はアトランティス中期の事情でした。そして私たちは弟子の前に人間形姿となって現れたこの瞑想像がどのように別の像に変化したか、そしてどのようにこれがアトランティス大破局後に救い出されたかを追求しなければならないでしょう。これはまずインドの秘儀参入者の教えにおいて、太古の聖号ブラフマの下に包括されうる像になったのです。ブラフマは宇宙の神性が求めた地球の意味であり、古インドの秘儀参入者の至聖のものでした。そういうものとしてブラフマという言葉が語られました。

後のゾロアスターの教えとエジプトの叡智はここから生じたのですが、それについては、あとでお話しいたします。ブラフマからエジプトの叡智に、それがどのように変貌を遂げたのかについては、明日お話しいたします。

第四講

一九〇八年九月五日

昨日の考察の最後に、人間本来の内面生活における非常に重要な出来事について述べました。アトランティス文化期が後期に入ろうとする時期に、アトランティス秘儀の参入を志す者がどのような印象を心に抱いたか、を述べようと試みました。当時、秘儀に参入しようとする者が心に抱いた理想的人間像を再現しようとしてみたのです。この人間像を、瞑想に集中したときに、心に思い浮かべたのです。アトランティス秘儀に参入しようとしたとき、そのようなイメージに感情と意志の力を結びつけたのです。この人間像は、未来の人間のためのモデルとしてイメージされたのです。

そこで、この人間像をここでもう一度心に思い描いてみましょう。その姿は現在の人間の姿に完全に似てはいません。当時、瞑想する人の前に現れたこの感覚的＝超感覚的な人間像は、男と女の合体した姿で現れましたが、低次の部分はすべて消され、上半身だけがはっきりと現れていました。この姿は強い印象を与えたので、秘儀に参入しようとする人は、自分の外形をこの姿にできるだけ似せようとしました。

ですから、瞑想によって秘儀に参入するとき、自分の内部に一種の人間形姿を見たのです。この体験は非常に重要でした。秘儀参入の過程で、この像を生きいきと思い浮かべる準備ができた人は、その像が眼の前で光輝くのを見て、次のように考えることができました――「この姿を見た今、私は、地球、月、太陽がまだ未分化だった原初の地球紀の状況の中に身を移している。原初の地球は根源の原子から成り立っていた。今、私が見ている姿は、もともとこの原子の中に存在していたのだ」。

この姿は、原初の地球紀にすでに現れていました。その頃、まだ動物、植物、鉱物の諸形態は存在していませんでした。当時の地球は、人間原子だけから、ふたたび目覚めた人間だけから成り立っていたのです。もちろんすでに月紀には動物の最初の萌芽が形成されていましたから、動物形態も存在していました。けれども、ひとつの惑星系（太陽系）が消えますと、休息期に移行し、すべての形態は解消されるのです。月紀には動物の諸形態はすでに存在していたのですが、地球紀の初頭になると、すぐに動物や植物が現れてはきません。あとになってから現れるのです。地球紀では、太陽が分離したあとで、動物たちが次第に姿を現したのです。原初の地球紀には、人間だけしかいなかったのです。

秘儀に参入しようとする人は、この地球紀の原初状態を人間形姿として見たのです。根源の原子の中に人間の理想像を見たのです。秘儀参入の過程でこの人間形姿を見た人は、こう覚《さと》りました――「私は今、地球紀の根源状態に身を置いている。地球の中に生きている人間の理想像は、神性が永遠から永遠へ働き続けてきたことを教えている。神性はこの人間形姿の中にみずからを注ぎ込み、この人間の原形を息として吐き出したのだ」。「それでは一体、動物、植物その他の存在はどこから来たのだろうか」――秘儀に参入しようとする人は、そう問わざるをえませんでした。

秘儀参入の過程で、いわば神性の原形を霊視し、そして動物と植物を後になってから生じた副次形態だったのだと思いました。動物、植物、鉱物のすべてを、人間形姿から派生したものと見たのです。

石炭がどのようにして生じたのかを考えてみますと、このことをイメージすることができます。当時の大原始林のことを考えてみて下さい。現在の石炭層は、かつて大森林だったのです。この大森林があとに残り、高次の領界から低次の領界へ移行しました。植物がどのようにして石にまで硬化したのか、そこに見てとることができます。

このようにしてアトランティス秘儀の参入を志す人は、環境世界のすべてが人間形態から生じたのを霊視したのです。太古の時代、こういう印象が人間の心をとらえたのです。そしてこの印象は、大洪水の時代を経て、人びとの記憶の中に保持され続けました。古インドの秘儀参入者は、永遠の自己によって吐き出された息である原人間のこのイメージを、弟子の魂の中に呼び起こしました。そしてその弟子たちは、すべてが人間形態から生じたのを実感することができました。この原像の中で血のように流れていたものは、地球の海水になった、と感じたのです。そして、この実感を万物の生成にまで拡げたのです。

こうしてインドの弟子たちは、次のようなイメージを持つことができました――「お前はこの原像の中に二つのものを見た。一つは原像そのものだが、それだけでなくこの像を考察するとき、お前の内奥の本性までも明るみに出る。外には大宇宙がある。そして内には小宇宙がその精髄として感じとれる」。

ギリシア人がアレクサンドロスの遠征によってインドにまで出かけ、当時のインドの弟子たちが感じたことの最後の余韻を聴き取ったとき、次のような印象をもちました――「大宇宙の中に拡がって存在する人間を考察したこの弟子は、ヘラクレスを眼の前にしていたのだ」。

インド人は宇宙に生きている諸力をヴァーク（vāk）と呼びましたが、しかし人間の中でのそれを、全体の精髄としての「ブラフマン」であると感じたのです。ギリシア人は太古の聖なるインド文化の中で弟子の魂の中に生じたものの余韻を、このように受けとったのです。このことはアレクサンドロスのインド遠征の成果でした。太古の聖なるインドの秘儀参入の教えは、まさにこの基本感情から生じたのです。この教えは、地球がまだ太陽力や高次の本性たちをみずからの内にもっていたあの原初の状態の霊的な模像のように現れました。そして後世の人は、かつてのこの太陽力や高次の本性たちの崇高な姿に憧れを寄せたのです。

ですから、弟子が秘儀に参入し、ブラフマンをみずからの内に甦らせることができたとき、その体験は魂にとって、途方もない経過だったでしょう。高次の世界を直接感じとれたのですから。至高の世界を直接感じとったことこそが、秘儀に参入したことなのであり、真の霊視をもったことなのです。私たちを取り巻く世界は、物質の世界ですが、この世界の周囲にも、その内部にも、アストラル界が波打っています。デヴァハン界、つまり神界はより高次の世界です。そして弟子は、神界の最上部にまで導かれました。弟子が大宇宙の中で根源の自我であるブラフマンを感じとるのには、そうすることが必要だったのです。そのときの弟子は、最高の神界にいたのです。人間の最も高貴なものは、この神界から生じました。弟子が導かれたのは、至高の、最高に完全な秩序の領域でした。その領域では認識上、もっと多くのことが示されました。今述べられたことだけがすべてではなかったのです。

しかし、もっと先まで述べる前に、ここで師たちのことも知っておかなければなりません。皆さんはすでに聖仙たちのことを聞いたことがありますね。太古の聖なるインド文化の創始者たちのことを、です。聖仙たちの師はマヌでした。古インドのこの七人の偉大な師たちは何者だったのでしょうか。ここで可能な限り、聖仙の本性を明らかにしてみましょう。

そのために私たちはもう一度、マクロコスモスに眼を向けなければなりません。

まず、はっきりさせておかなければならないのは、肉眼その他の感覚で知覚することのできるものは、霊的なものに由来しているということです。私たちの周囲の環境のすべてが霊化した状態にある、と考えてみて下さい。その世界は宇宙エーテルの根源の霧のように現れることでしょう。この霧が次第に厚みを増して、こんにちの物質状態になったのです。そして、そこからさまざまな天体が丸く固まって太陽、月、地球に分かれたのです。

しかし、他の惑星たちはどうして分かれたのでしょうか。一つひとつの惑星が生じ、土星、木星、火星、金星、水星になっていったのは、なぜだったのでしょうか。

このことを知るには、大宇宙にも私たちの身近な日常生活と比較できるようなことが生じる場合があることを知らなければなりません。高等学校の中だけで生徒が落第するのではなく、大宇宙においても落第し、共に進学できずにいる存在たちがいるのです。このことを明らかにしておくことが必要なのです。高次の存在たちの或るグループは、地球のテンポを共にすることができず、地球から精妙な成分を引き出して、それを太陽という自分たちの居住地にしたのです。そうしたのは、私たちの進化と結びついた至高の存在たちでした。しかし、この存在たちも、その前にひとつの進化過程を辿ったのです。そしてその当時、太陽霊となりつつあった存在たちもいましたし、そうなれずに留まり続け、太陽霊たちよりは低い位置に留まりましたが、人間よりも高次の存在たちもいました。未熟なために太陽霊の進化を共にすることのできなかった存在たちは、太陽と一緒に地球を離れることができませんでした。太陽に移ったら、この存在たちは熱さに耐えられなかったことでしょう。とはいえこの存在たちは、地上に留まるには高貴すぎました。この存在たちは、太陽の成分と地球の成分の中間程度に精妙な成分を取り出して、自分の本性にふさわしい居住地を太陽と地球の間に作りました。こうして金星と水星が分かれて存在するようになったのです。

ですから、太陽霊ほどに高い進化を遂げてはいませんが、人間よりもさらに進化した本性たちは、二つのグループに分かれていたのです。一方は、金星霊になり、他方は水星霊になりました。これらの本性たちがこの両惑星を成立させたのです。さらにもっと以前に、火星と木星と土星が別の理由でつくられて、一定の本性たちの居住地となりました。

このように、霊たちが諸惑星を生み出したのです。さて、太陽系のさまざまな天体に居住するこの本性たちが地球の居住者たちと結びついていなかったと思ってはなりません。物質上の限界は現実の限界ではないのです。他の天体に居住する本性たちにとって、物質上の限界を超えて地球に魔術的な作用を及ぼす可能性はいろいろあるのです。ですから太陽霊、火星霊、木星霊、土星霊、金星霊、水星霊たちは、地球に作用を及ぼしているのです。金星霊と水星霊は地球により近い存在です。この本性たちは、太陽が分離したとき、人間たちを助けて、今私たちが住んでいるような地球にしてくれたのです。

惑星の名称についての誤解を避けるためにここで付言しておきたいことがあります。オカルト的な名称においては、こんにち天文学上、水星と呼ばれる惑星は金星と呼ばれ、逆に天文学上、金星と呼ばれる惑星は水星と呼ばれます。天文学上も、一般には深い秘教上の名称は隠されていますので、その根底に秘密が潜んでいることを知られずにいますが、特定の事柄を隠すために、こういう言い換えが生じたのです。

さて、諸惑星の霊たちはすべて、地球に作用を及ぼしています。すべての惑星から人間への働きかけが生じています。そして、この作用を人間に伝えるために、偉大なマヌは七聖仙を秘儀に参入させ、聖仙一人ひとりにこの諸惑星のどれかの秘密を理解させたのです。惑星は七つありましたから、それぞれの聖仙はいずれも、それぞれ七段階のロッジを持っていました。そのロッジで太陽系の秘密が弟子に伝えられたのです。古いオカルト文献にはそのことを示唆しているものがいくつもあります。例えば、その秘密を七つの彼方に求めなければならない、というのです。それは惑星の分裂以前の時代について聖マヌ自身が守っていた秘密のことでした。

諸惑星が守っていたものは、七聖仙の秘密として秘せられてきたものでした。七聖仙のこの合唱は、マヌと完全に一致して、弟子たちに叡智を響かせたのです。私たちが今学んでいる土星紀、太陽紀、月紀、地球紀、木星紀、金星紀、ヴルカン星紀という惑星状態を通して人類が進化を遂げるという教えは、ほぼこの根源の教えに由来するのです。進化の秘密はロッジの七段階の中に秘せられていました。この七段階のそれぞれは、人類進化の歩みを示していたのです。

弟子はこのことを学びました。神界に高められたときは、この秘密を見ただけでなく、聴くこともできました。事実、神界は音響世界なのです。弟子は七惑星の宇宙音響を聴き、そしてアストラル界ではイメージを見ました。神界では音を聴き、至高の世界では言葉を体験しました。インドの弟子が上位の神界に参入したときは、原霊であるブラフマが、進化の過程で、七段階の惑星系に分かれたのだということを、宇宙音楽と宇宙言語を通して知覚しました。弟子はそのことを根源の言葉ヴァークから聴いたのです。ヴァークとは、弟子の聴いた創造の原音響の呼び名でした。弟子はこの原音響の中で宇宙進化全体を聴いたのです。

七つに分かれた言葉、創造の根源の言葉は弟子の魂の中で作用しました。弟子は秘儀に参入したことのない人たちには、ほぼこんにちの人が宇宙の進化を語るときのような仕方で、この根源の言葉のことを語りました。当時の弟子が知覚したことの基本は、私の『神智学』の中に記述されています。そしてこの記述はまた、『ヴェーダ』（つまりドイツ語の「言葉」）というインド最古の宗教文献の中に示されていることと一致しているのです。

これがヴェーダの本当の意味です。後に書かれたものは、太古の神聖な言霊学の名残りにすぎません。言葉そのものは口から口へと伝えられました。文字に記すと、太古の伝承はそこなわれてしまうからです。当時、この文化の中に流れていた伝承を感じとるには、伝えられてきた言葉（ヴェーダ）によるしかありません。この伝承を思い出の中で甦らせたとき、弟子はこう言うことができました――「私が自分の魂の中に体験するブラフマンという根源の言葉は、すでに古土星紀に存在していた。ヴェーダの最初の息吹きは、すでに土星紀に響いていたのだ」。

進化は太陽紀、月紀、地球紀と続き、言葉はますます濃縮化され、形態はますますくっきりと輪郭づけられるようになりました。そして、地球が原初の種となって現れたときの人間像は、土星紀における根源の言葉の状態を濃縮化したものになっていました。そのとき、何が生じたのでしょうか。

神の言葉であったこの原初の人間は、常に新しい莢《さや》に包まれていました。では、地球紀の進化の過程で、この言葉はどんな莢に包まれたのでしょうか。宇宙においては何事も、完全に繰り返されることはありません。ですから、どの惑星紀も独自の使命をもっているのです。古太陽紀に形成された生命には月紀において、叡智が組み込まれ、そして地球紀になると、月紀にはまだなかった愛を、地球紀の使命として実現しなければなりません。これまでの惑星紀における人間の原像は、はるかに霊的でありながら、はるかに冷たい形態を持って存在していました。それが地球紀になると、暖かいアストラル体の莢に包まれたのです。生成を続ける人間は、月紀において初めてアストラル体の莢に包まれましたが、その莢が地球紀になると、人間の内面生活をして、最低の形式から最高の形式へと愛を発達させることを可能にするものになったのです。

インドの弟子はこの人間形姿の原像を、高次の神界ではっきりと知覚することができました。その原像は、愛を発達させる力を担ったアストラル体に包まれていました。この愛、エロスは、「カマ」と呼ばれました。カマは地球紀の進化のために特別の使命をもっています。神言であるブラフマンはカマに包まれており、根源の言葉はカマを通して弟子に響いたのです。カマは、根源の言葉「ヴァーク」、ラテン語の「ヴォクス」（声）の元であるヴァークの愛の衣裳だったのです。ですから弟子は心の内奥において、神言はアストラル体の愛の衣裳に包まれていると感じて、こう語ることができました――「肉体、エーテル体、アストラル体、自我から成る現在の人間は、自我を最高の本性部分としている。そしてこの自我は愛の衣裳にまで下降して、カマ＝マナスを形成したのだ」［『神智学』の用語で言えば、カマはアストラル体、カマ＝マナスは悟性魂＝心情魂、マナスは霊我に対応する］。

カマ＝マナスは人間の内奥の本質であり、カマはマナスを包む衣裳であり、そしてマナスは自我でした。私たちが学んできたように、この内奥の本質はより高次の、三つの本性部分を発達させます。アストラル体の莢からマナスが生じます。プラナ（エーテル体）には高次の段階でブッディ（生命霊）が対応します。そして肉体は、完全に霊化されると、アートマになるのです。これらすべては、すでにヴァークの中に、萌芽の状態で内在していました。そしてヴェーダは、弟子によってこの内奥の本質の秘密が表現された言葉なのです。

肉体は土星紀に、エーテル体は太陽紀に、アストラル体は月紀に、自我は地球紀に初めて生じました。しかし、根源的な真の人間萌芽である根源の言葉「ヴァーク」は、みずからの中にすでにそれに続く三つの本性部分を含んでいました。現在の人間は、三つの高次の本性部分をまだ期待することしかできませんが、いつか人間は、天地創造の言葉、根源の言葉の忠実な模像になるでしょう。弟子は、肉体とエーテル体とアストラル体の真の本性は、秘儀参入者だけにしか分からない、と教えられました。

現在の人間は、自分が「私である」と言えたとき、そして自我を自分に固有のものであると意識できたとき、そのとき初めて、まともな人間であると言えます。そのとき初めて、まともな人間なのです。他の本性部分も開示されていますが、その部分での人間は、まだ無意識です。しかし第四の本性部分では、ヴァークが明らかになったのです。

「第四の部分で人間が語る」とヴェーダは述べています。自我の言葉が響くとき、ヴァークの第四部分が語るのです。ヴェーダは述べています――「ヴァークには四つの部分が数えられる。三つは隠されており、動かない。人間は第四部分だけを語る」。

ここには私たちが学んできたことへのすばらしい記述があります。弟子の霊眼にこのことが映じていたのです。弟子の眼がまだ未分化の、まだ根源の地球だったたときの状態へ向けられたとき、つまり「ヴァーク」の全体が語っていたときの状態については、『ヴェーダ』の別の文章がこう述べています――「私であるとは何か、これまで私は知らなかった。地球で初めて生まれたものが私に働きかけたとき、霊が初めて光に充たされた。そして私は（叡智である）『聖ヴァーク』に結びついた」。この言葉の中には、秘儀参入者の直観が表わされているのです。

以上、インド文化に流れ込んだ太古の聖仙たち、つまりマヌの弟子たちの諸体験やその弟子たちのすばらしい教えについて若干お話しいたしました。この教えはその後の諸時代に伝承され、諸民族の生活条件に従って変更を加えられてきました。しかし、根源の言葉ヴァークは常に尊重され続けました。

ここでひとつの秘密に触れておきたいのですが、この秘密の関連全体を知ったら、いろいろな事柄をよりよく理解できるようになります。すなわち、当時は師と弟子の関係がこんにちの場合とはまったく違っていたのです。こんにちでは弟子が一定の秘儀参入を果たしたときにしか、当時のような師弟関係はもてません。当時は弟子に対する師の力がはるかに強力でした。

この力のことを知るには、次のようなイメージをもたなければなりません。師の教えは、言葉や文字で伝えられただけではありません。言葉や文字では、悟性魂にしか作用しませんが、それだけでなく、魔術的・神秘的な力が師から弟子に作用したのです。師は弟子の魂に明るさと生命力をも与えることができたのです。

師のこの作用力は、第四後アトランティス期であるギリシア＝ラテン文化期になってから失われました。この点で古代エジプト人が若者に向き合ったときと、現代の教師が生徒に向き合うときとではまったく違います。まったく違う力が老人から若者に作用したのです。

このことを理解するには、古代ギリシアにおいてはどうだったかを知らなければなりません。ソクラテスは弟子に教えを伝えるとき、まだテレパシーの力を行使することができました。しかし、現代ではもはやこういう力を行使できません。こういう事柄がプラトンの著作の中に述べられています。もちろんこんにちでは、当時まったく正当であった事柄が非難すべき悪徳になってしまいます。実際、師弟関係にはさまざまな変化が生じてきました。こんにち誰も他人に暗示力を行使する権利はありません。こんにちでも同じような作用を弟子に及ぼすことがありますが、正しいこととはされていません。

古代においては、力が師から弟子へ流れていきました。古代エジプトにおいても、そういう仕方で力を受容する人たちが大勢いました。特に感受性の豊かな人が、力強い思想をもった人に向き合ったとき、その力強い思想が受容する人の魂の中にイメージとなって浮かび上がることができました。古代エジプトではこういうテレパシーを働かせることが高度に可能だったのです。そして、こういう思想の伝授はしばしば生じました。意志の強い人がそれほど意志の強くない人に向き合ったときにもこういうことがよく起こりました。ですから、古代エジプトでも、思想によって相手を支配することができました。こんにちの人には想像できないくらいに相手を支配できたのです。もちろん今の時代にこういう力を乱用したなら、ひどい結果を生じさせるでしょう。

古代エジプトの秘儀参入は、本質的に同じ原則の上に成り立っていました。古インド期でもペルシア期でも、同じでした。この力は、一般に言われている「医療」の力でもありました。医療といっても、もちろん現代医学における医療ではありません。現代の医療を知ったら、エジプトの治療師も秘儀参入者も笑うしかなかったでしょう。古代エジプトの治療師は或ることをよく心得ていました。それはアトランティス期に存在していて、秘儀参入に際して知覚することのできたあの力の状態を今でも甦らせることができる、ということです。アトランティス期の人びとの意識は、暗い見霊意識でした。古代エジプトの秘儀参入者は、アトランティス時代には、霊的存在たちがはるかに大きな力を人間に及ぼしていた、と考えていました。こんにちの人は、睡眠中高次の世界のことを何も意識していません。しかしアトランティス期の人は、暗い見霊意識の中で神々と共に生きていました。こんにちでも、人間が道徳的であるほうが、どんな道徳理想よりもはるかに大きな影響力をもっています。それと同じ意味で当時のエジプトの秘儀参入者は、高次の霊的経過の力やイメージを通して、弟子に働きかけたのです。この働きかけは、外からの働きかけだったのではなく、深く内的に働き、特定の経過を生じさせることができたのです。

からだのどこかの調子が悪く、病気になったとしますと、オカルト的な修行を積んだ人なら、からだの調子の悪さは、外に原因があるのではなく、エーテル体が正常に働かなくなったことに原因がある、と心得ています。しかし、エーテル体に異常が生じるのは、アストラル体が正常に働いていないからです。そこでアトランティス人の場合、例えば、どこか体液の働きに異常が生じたなら、ふたたび正常に戻すために、睡眠中に霊界からそこなわれた機能や作用を元に戻す力を受けとることで、ふたたび健康になりました。熟睡することによって健康な力をふたたび取り戻したのです。

古代エジプトの医師たちは似たような手段を用いました。すなわち、患者の意識を人工的に曇らせて、一種の催眠術的な眠りに陥らせました。この医師たちは患者の魂の世界のイメージに手を加え、新たなイメージをそのからだに作用させ、健康を恢復させたのです。これが「神殿の眠り」の意味でした。内因性の病気に対しては、神殿の眠りを用いたのです。病人には薬を投与せず、神殿に連れていって眠らせ、病人の意識を曇らせることで、霊界を見えるようにしたのです。

さらにまた病人のアストラル体験を指導して、その体験が身体を健康にする力になるようにしました。これは迷信ではなく、秘儀参入者の知っていた秘密でした。秘儀参入者は病人の体験の中に霊的な力を流し込んだのです。このように医療は秘儀参入の原則と深く結びついていたのです。医療に際しても人工的にアトランティス期の状態を再現したのです。そして覚醒意識に妨げられることなく、治癒に必要な力を働かせたのです。これが神殿の眠りの働きでした。

この原則が、エジプト文化をも支配していました。同じ原則がインドでは賢明な聖仙たちの下で有効に働いていました。後アトランティス期最初の偉大な師マヌの弟子であった聖仙たちは、惑星の力を利用することさえもできました。古インド文化期の聖仙たちは、神界という高次の霊界にまで人間を導くことができました。そのときに仰ぎ見た存在は、その後、第四文化期に到るまでに物質界に降下しました。インド文化期においてブラフマンとして知られる本性が、第四文化期に物質界に降りてきたのです。私たちはこの本性をキリストと呼びます。この本性はもはや霊性を伝えるために来たのではなく、根源の言葉の神秘に充ちた力をすべての人間に及ぼすために、みずから人間になったのです。

このように根源の言葉は降下して、人間をふたたび上昇させようとしたのです。ですから人間は、自分が未来へ向けて作用することのできる道具を自分の中から作り出すためにキリストが降臨されたのだと思えなければなりません。周囲にあって私たちのために存在しているものがますます高次の存在形式をとることができるように、そのために私たち自身が共に働くことができるのは、これまでの時代の働きがあったからなのです。私たちはこのことをしっかりと学ばなければなりません。

私たちは将来ひとつの霊界を創造しなければなりません。そのためには、まず私たちが宇宙を理解することが大切なのです。

第五講

一九〇八年九月七日

これまで地球紀の進化と人間の進化との関連をイメージできるように試みてきました。そして地球紀の過去の諸事象が後アトランティス期の各文化期の中に反映されているとも述べました。私たちの地球紀は、その発端において、太陽と月を内に含んでいましたが、その原地球の状況と経過を秘儀参入者がどのように体験したのか、インド文化期の聖仙たちの弟子の深い見霊体験に即して述べてきました。

インド文化期のその弟子は、秘儀参入の高次の段階に達することで、それまでの宇宙の進化を辿ることができました。そして古代ギリシア人は、アレクサンドロス大王の遠征を通して、インドの秘儀参入者のこの体験内容を知ったのです。インドの秘儀参入者の魂の中には、創造主である神霊の力のイメージが浮かび上がりました。この力は太陽と月がまだ地球とひとつに結びついていたときの根源の霧の中で働き始めた力だったのです。

この力を、インド人はブラフマンと呼び、ギリシア人はヘラクレスと呼びましたが、私たちはこの力を現実に過去に生じた諸事実の、心の中での繰り返しとして把握しようと試みました。地球紀の進化の諸時期は、ペルシア文化期とエジプト文化期の中に映し出されています。太陽が地球から分離した第二期は、ペルシアの秘儀参入者の心の中で繰り返されました。月が次第に地球から分離した第三期は、エジプト人、カルデア人、バビロニア人、アッシリア人の世界観の中に映し出され、それがこの諸民族の秘儀の原理となりました。

さて、私たちは今、古代エジプト人の魂を洞察するために――そして、このことが私たちの目下の本来のテーマゆえ、すでに述べたペルシアの秘儀参入はそのための準備だったのですが――、私たちは今、もう一度、太陽と月が地球から分離した時代の地球紀の事情を、あらためて詳しく考察しなければなりません。

太陽が去り、後には月も去ったとき、地球そのものはどうなっていたのでしょうか。壮大な宇宙の諸事象のことは考えずに、地球上で生じたことだけに眼を向けようと思います。太陽と月が地球とひとつに結びついていたときの地球紀の根源状態においては、動物も植物も鉱物も、まったく見当たりません。もともと地球上で形態が与えられていたのは、人間だけでした。人間萌芽だけだったのです。太陽紀と月紀にも、動物、植物が萌芽として存在していたけれど、しかしその萌芽は、地球紀の根源状態においても、まだ眠っており、眼で見ることのできる萌芽ではなかったのです。太陽が分離し始めた頃になって初めて、その萌芽が生長し始め、後に動物になったのです。そして、太陽が地球から完全に分離するようになったとき、そして地球と月がまだひとつだったとき、別の萌芽が生長し始め、後に植物になったのです。そして、月が分離し始めたときになって初めて、次第に鉱物の萌芽が形作られました。

以上の事実をふまえて、地球そのものに眼を向けてみましょう。太陽と月を自分の中に保っていたときの地球は、巨大な拡がりをもつ、エーテルの霧にすぎませんでした。そしてその内部には、人間萌芽が生長し始めていましたが、動物、植物、鉱物の萌芽はまだ眠っていました。人間萌芽だけがそこにあったのに、眼はまだなかったので、こういう経過を外から見ることはできません。ですから、ここで述べる記述は、見霊者が回顧するときにのみ見えてくる進化の過程なのです。

当時、誰かが宇宙空間の一点に立って、肉眼で見たとしたら見えたであろうような事柄を、今述べようとしているのです。土星紀における経過は、肉眼では何も見えなかったでしょう。土星紀の繰り返しである根源状態の地球紀も暗黒の霧の塊りで、そこでは熱だけが感じとれたでしょう。この根源のエーテル状の霧の中から、光輝くガス球が次第に眼に見える姿をとって現れてきました。このガス球なら、もしも当時肉眼があったなら、見ることができたでしょう。

そして、もしも誰かが触覚を働かせてその中に入っていったとしたら、このガス球は熱せられた空間であり、まるで巨大なパン焼き窯の内部のような状態だったでしょう。しかし、この霧の塊は、やがて輝き始めました。そしてこの形をとったガス球の中には、今述べたような、あらゆる萌芽が含まれていました。このガス球は、こんにちの霧や雲のようなものではなく、こんにちの固体や液体の成分のすべてがその中に融けていました。すべての金属、鉱物が、霧状、ガス状の、非常に透明な、光輝くガスとなって存在していました。光輝くガス、熱と光に貫かれたガスだったのです。

皆さん、その中に入っていったと考えて下さい。エーテルの霧から生じたものは、光輝くガスでした。そして、このガスはますます明るさを増していきました。ガスが濃縮するにつれて、光がますます輝きを増し、そして事実このガス体は、宇宙空間に光を放射する巨大な太陽のような、輝く存在になったのです。

地球がまだ太陽と一体だったとき、みずから光輝いて、宇宙空間に光を放射していたのです。そしてこのような光のおかげで、人間はその根源状態の中で、地球と共に生きていました。しかしそれだけでなく、横溢する光の中には、他のすべての高次の存在たちも生きていました。それは肉体をもつことなく、人間の進化と結びついている天使、大天使、時代霊のことです。

けれども、これらの本性たちだけがその中にいたのではありません。この横溢する光の中には、他の高次の本性たち、形態霊、運動霊、叡智霊も生きていましたし、さらにトローネ（意志霊）と、この横溢する光とのゆるい結びつきの下で、ケルビームとセラフィームも生きていました。地球は全ヒエラルキアの本性たちの居住地だったのです。そして宇宙空間へ放射する、地球体内の光は、光だけではなく、後に地球の使命となる愛の力でもありました。光は愛の力をみずからのもっとも重要な要素として持っていました。ですから、物質上の光だけを放射したのではなく、愛の力によって有情化され、霊化された光をも放射していたのです。

このことは現代人の心には受け容れがたいかもしれません。事実、現代人の中には、太陽をまるで単なるガス球で、ただ光と熱を放射しているだけであるかのように述べる人もいます。太陽については、もっぱら物質として考察しようとしているのです。例外は神秘学者だけです。一般教養書の太陽についての記述を読んでも、無数の人びとの心の糧になっている一般教養書からでは、太陽の本質を学ぶことができないのです。教養書の中の太陽の本質についての記述は、死体の記述の中に見出せる人間の本質ほどの価値しかないのです。死体が人間であることが真であるのと同じ程度に、天体物理学の太陽についての記述も、真なのです。

死体を記述する人が人間における本質的な部分を取り上げないでいるように、太陽について記述するこんにちの物理学者が、スペクトル分析によって太陽の内的構成要素を見出したと思っている限り、太陽の本質を記述してはいないのです。そこに述べられているのは、太陽の物質体にすぎません。けれども、一切の地上の存在に流れてくる日の光の中には、太陽に居住する高次の本性たちの力が込められているのです。日の光と共に、愛の力が漂い、降りてくるのです。そして、この同じ力が地上を生きる人から人へ、心から心へと流れているのです。

決して太陽は、単なる物理的な光だけを地上に送るのではありません。限りなく熱い、限りなく熱烈な愛の力が、眼には見えなくても、日の光の中に存在しています。この愛の力と共に、トローネ、セラフィーム、ケルビームおよびヒエラルキア全体の高次の本性たちの力が地球に流れてきます。これらの本性たちは太陽に居住しています。この本性たちは光以外の体をもつ必要がないのです。そして、こんにち太陽の中に存在しているすべては、当時はまだ地球と結びついていましたから、すべての高次の存在たちも地球そのものと結びついていました。今でもこれらすべての高次の本性たちは、地球の進化と結びついているのです。

このことをふまえて、これら高次の存在たちのもっとも低次の存在だった人間が、当時は地上の新生児として、すでに萌芽の状態で存在していたことに思いをいたさなければなりません。当時の人間は、これら神的存在たちに抱かれ、はぐくまれて生きていました。当時の人間は、まだ高次の本性たちに抱かれていましたから、こんにちよりもはるかに精妙な体をもっていました。当時の人間の体は、見霊意識で見ると、精妙な蒸気体、または光に浸透された空気体、ガス体から成っていました。規則的な形を示す雲を考えてみて下さい。その雲は上方へ拡がる杯のような形をしています。この杯は内なる光によって灼熱し、輝く光に充たされています。

当時の人間は、この地球紀の進化の過程で、今、暗い意識を持ち始めたところです。その意識はこんにちの植物の意識のようでした。人間はこんにちの意味での植物ではありませんでした。杯状の形をとり、光と熱に充たされていました。はっきりした輪郭を示さず、地球体全体からはっきり区別されてもいませんでした。

これがかつての人間の姿でした。その肉体は光り輝いていました。光の力を与えられていた、その肉体の精妙さゆえに、みずからのエーテル体とアストラル体と自我がその光る肉体の中に沈むことができただけでなく、この最初期においては、地球と結びついていた高次の霊的本性たちも、そこに沈むことができました。

当時の人間は、いわば上方の神霊存在たちに根ざしていました。この神霊存在たちが人間の中に浸透していました。その当時の地球と人間のすばらしさをイメージするのは、容易なことではありません。

地球をまず光に充ちた地球としてイメージして下さい。光を担う雲塊に包まれた、すばらしい光のあらわれであり、すばらしい色彩のたわむれを生み出しています。この地球の中に手を差し入れることができたとしたら、灼熱した、輝きに充ちた塊量が大きく波打つのが感じられたでしょう。その中にはこんにちの人間存在のすべてと、霊的本性たちのすべてが含まれており、外へ向けては壮大な多様極まる光を放射しているのです。

外から見ると、壮大な多様極まる地球宇宙体が、内から見ると、光に包まれた人間と神霊本性たちとの結びつきが現れています。この本性たちから光が外なる空間に放射されています。人間は神による臍の緒で、この地球全体に、光の母胎につながっていました。当時の人間の光の植物となって生きていたところは、地球という宇宙母胎でした。人間はそこで、自分が地球の光のマントとひとつであるかのように感じていました。精妙なガス状の植物形態をとりながら、母なる地球と臍の緒でつながっていました。母なる地球全体にはぐくまれ、育てられていたのです。こんにちの胎児が母胎の中ではぐくまれ、育てられるように、当時の人間萌芽は、母なる地球にはぐくまれ、育てられたのです。それが最古の地球紀の人間でした。

次いで太陽が分離し始めました。太陽はもっとも精妙な成分を地球から持ち去りました。それと共に、高次の太陽本性たちも人間から去っていきました。こんにち太陽に属しているすべてが私たちの地球を去り、あとには粗野な成分だけが残ったのです。そしてこの太陽分離は、ガスが水にまで冷却化したことと結びついていました。地球はこれまでガス体の地球だったのに、今や水の地球になりました。中心には根源の水がありましたが、まだ空気に包まれてはいません。水はゆっくりと濃厚な霧の中に浸透していき、霧は次第に精妙化していきました。

このように、当時の地球は水の地球でした。その内部の素材も柔らかい状態にあり、霧に包まれていました。その霧はますます精妙になり、完全に精妙化されて、最高の領域にまで上っていきました。地球はかつてこのような在り方をしていたのです。その後、地球は変化しました。そして人間はかつての光の灼熱するガス体から曇った水へ沈んでいきました。そして水中に受肉して、水の塊量になりました。それまでは空気の中で、空気体として生きていたのですが。

人間は水の姿になったのですが、決してまったくそうなってしまったのではありません。人間は完全に水中に潜ったのではなかったのです。これは重要な瞬間でした。地球が中心で水の地球になったことは、前にお話ししました。人間は部分的に水の存在になっただけで、水を取りまくガスの覆いの中に突き出ていました。ですから半分は水の存在で、半分はガスの存在だったのです。

水中での人間は、日の光を受けとれませんでした。水中は濁っていて、日の光は水中に達することができなかったのです。ですから、人間は一部分が暗い、光の通らぬ水中で生き、他の部分は光に熱く貫かれたガスの中で生きたのです。けれども水は、これからお話しする音の働きまで奪われることはありませんでした。

地球ははじめから、灼熱し、光輝いていただけでなく、響いてもいました。その音響は地球に留まり続けました。ですから光が外へ出ていったとき、内なる水は暗くなりましたが、内部は依然として音に貫かれており、その音が水に形姿・形態を賦与したのです。このことはよく知られた物理の実験でも学ぶことができます。音は形成する力なのです。音によってそれぞれの部分が分節化され、秩序づけられるのです。

実際、音の力が身体を水から形成したのです。まだ地球に留まっていた音の形成力が、です。地球に浸透する音響から、人体形姿が作られたのです。

光は水から突出した人間部分にしか浸透できませんでした。人間の下部は水体で、上部はガス体でした。外の光は、このガス体に作用できましたから、太陽と一緒に外へ出ていった存在たちも、光を通してこの人間のガス体に作用することができました。太陽がまだ地球と一体だったときの人間は、太陽に抱かれていると感じていました。今の太陽は光となって外から人間に働きかけます。そして、その作用力を人間に浸透させます。しかし太陽の分離後も、月が地球に留まり続けました。地球から分離しなければならなくなるまで、月の力も地球の中に存在していたことを忘れてはなりません。

このように、太陽が分離したとき、あの植物人間は水の地球の中に次第に沈んでいかなければなりませんでした。当時の人間の到達したこの段階は、現在、退化した形で魚類になって現れています。水中を泳ぐ魚は、かつての人間の残存者なのです。もちろん今の魚は、かつての人間に較べると、退化した姿をしています。ですから例えば、金魚のことを考えてみると、金魚は実に見事な植物の姿を示しながら、しかも敏捷に動きます。けれども、どこか悲しそうなのです。光が水の中にまで十分に浸透できないので、光への深い憧れが生じたのです。もはや見出せなくなってしまった光を求めて、魚は憧れに駆り立てられています。

地球紀の進化の過程で、太陽がまだ地球から分離していなかったときの人間の姿は、まだ灼熱した光の姿をしていました。上部はまだ太陽の段階にありながら、下部はすでに魚の姿をしていました。人間の下半身は暗いところで生きなければならず、そのため低い人間本性を示していました。なぜなら、水中で過ごす人体部分は、月の作用を受けていたからです。月はこんにちの月のように溶岩に固まってしまってはいませんが、その力は暗黒の力だったのです。その身体部分の中に沈むことができたのは、アストラル体のもっとも劣った部分だけでした。しかし上部のいわば頭の部分は、ガス体であり、そこには外から光が流れ込み、光によって形が与えられたのです。ですから人間は、音によって作られた低次の部分と光によって作られた高次の部分とから成り立っていました。

人間はガスの大気中を、泳ぎ漂いながら動いていました。地球大気の厚いガスは、まだ透明な空気ではなく、靄のようでしたから、日の光は通らなかったのです。熱は浸透できましたが、光はそうできません。陽光は地球全体にキスすることができず、表面にしか触れられません。地球の大洋は暗いままでした。しかし、後に月となって分離する力は、この大洋の中で働いていました。

さて、光の力が浸透することによって、神霊たちもまた地球に浸透しました。ですから、中心には神々のいない、神から見離された水の層があり、もっぱら音の力だけが浸透していました。そして、その周囲には太陽の力が働くガスが取り巻いていました。ですから、人間のガス体は水面上に突き出して、いつまでも霊界から放射される光と愛の仲間でした。

しかし、どうして音の世界は、暗黒の水の核にまで浸透できたのでしょうか。それは高次の太陽霊たちの中に、地球と結びついたまま地球に留まり続けた存在がいたからなのです。その霊がヤハヴェまたはエホヴァです。この神だけが地球に留まり、みずからを犠牲にして、みずからの本性を形成する音にして、水の地球に浸透したのです。

しかし、もっと悪い力が地球の水の成分の中に残っていました。それはおそろしい成分でした。その成分が人間のガス体部分をますます下降させたのです。以前の植物状態から、こうして次第に両生類が生じました。神話、伝承の中に、後の人類よりもはるかに深いところに立っているその姿が、龍として描かれています。そして、光の一員である別の人間部分は、下降しない存在、低次の本性を克服する存在として、例えば、龍を殺したミカエルとして、または龍を征服した聖ゲオルクとして描かれています。ジークフリートの物語の中にも、変化した形で、かつての二分化された人間の姿が描かれています。

地球の上部ならびに人体の上部に熱が浸透したとき、火龍のようなものが生じましたが、その火龍の上にはエーテル体が突出して、太陽の力をしっかり受けとめていました。旧約聖書はその姿を、両生類でもある「誘惑する蛇」の姿として見事に表現しています。

さて、もっとも低次の力が排出される時がますます迫ってきました。強大な破局が次々に起こって、地球を震撼させました。そして神秘学者にとって、玄武岩の形成は、月が地球から分離したときに地球体を大震動させた、あの浄化力の名残りのように思えます。その当時、地球の核である水がますます濃縮化していき、次第に固い鉱物が核として生じたのです。

地球は月の分離によって濃縮されましたが、そのときに地球の上部のより重い、より粗野な成分が下部に沈下し、上部には次第に、まだ水分を含みながらも、こんにちの空気に似た大気が生じました。こうして地球は次第に、中心の固い核とその周囲の水をもつようになりました。はじめは霧が立ちこめて、太陽光線をさえぎっていましたが、霧は、成分が下部に沈下したことによって、ますます稀薄になり、あとになって空気に変わりました。以前は地球に直接達しなかった太陽光線が次第に浸透するようになりました。

今はじめて地球は、私たちが取り上げる段階に達しました。以前の人間は水中にもぐっていました。ただ霧の中に突き出ているだけでした。今や地球の濃縮化を通して、水の人間が次第に形を濃縮化させて、固い骨格系をもつようになりました。人間は固いからだをもち、その上部は新しく生じた環境にふさわしい形に変わりました。以前は不可能だったことが新たに生じました。それは空気を呼吸することです。肺が初めて現れました。以前、上部で光を受容したときの光は、全身に行きわたりませんでしたが、今、人間は自分の暗い意識の中に光を感じ、外から射してくる光を、神的な力だと感じることができるようになりました。

この移行期の人間は、自分に射してくる光が二つの部分に分かれている、と感じました。そのひとつが空気です。空気が息となって人間の中に入ったのです。以前は光だけが人間に浸透しましたが、今や空気も人間の中に浸透しました。このことを感じた人間は、こう語りました――「以前の私は、自分の上に光の存在を感じていた。その光が今、私に呼吸することを可能にしてくれた。光が呼吸になった」。

今、人間の中に、光と空気が二人の兄弟になって流れてきました。光と空気は、人間にとって、二人の兄弟でした。今、光と空気は互いに深く結びついたのです。

人間の中に息を通して流れ込む空気は、人間がまったく新しい現実に向き合わなければならない、と教えます。光だけだったときの人間は、生と死を知りませんでした。以前は灼熱した光の雲が姿を変えただけだったのです。人間はそのことを、服を着替えることのように感じていました。人間は「生まれた」とも、「死んだ」とも感じませんでした。永遠に存在する自分を感じていました。誕生と死は出来事のひとつにすぎなかったのです。初めて息をしたとき、誕生と死の意識が生まれました。「兄弟である光線から分かれた空気は、以前は光とひとつになって流れていた存在をも二つに分裂させた。そして私に死をもたらした」——当時の人間はそのように感じたのです。

「自分は暗い存在だが、永遠なるものと結びついている」、というこれまでの意識を追放し、殺害したのは一体、誰だったのでしょうか。人間の中に流れ込んだ空気、空気の流れはテュフォンでした。テュフォンとは空気の流れのことです。そして、エジプト人の魂は、かつての同じ光線が光と空気とに分かれたことを体験しました。そして、この宇宙的な事件をテュフォンまたはセトによるオシリス殺害という象徴的な物語として伝えたのです。

テュフォンによるオシリス殺害というエジプト神話の中には、偉大な宇宙の出来事が秘められています。エジプト人は太陽から来て、自分の兄弟と仲良くしていた神をオシリスと感じていました。テュフォンは人間に死をもたらした空気でした。宇宙の進化の諸事実が人間の内的認識の中で繰り返されることの、見事な例のひとつがここにあります。

太陽と月と地球という三統一体は、このようにして生じました。そのすべてがエジプトの弟子に、意識の奥深くで作られた物語として伝えられたのです。

第六講

一九〇八年九月八日

地球と太陽系は、人間と共にどのような進化を遂げてきたのか、これまでお話してきました。皆さんの中には、その話の内容がこれまで馴れ親しんできた人生観と多くの点で矛盾している、と思われた方がいるのではないでしょうか。昨日は、進化上最悪の働きが月と結びついており、月が地球から分離したときに初めて、月と共に最悪の働きが地球から出ていった、そしてそれによって初めて、人間進化の可能な状態が地球に与えられた、という話を聴きました。

それでは月を見て、浪漫的な思いにひたったときの気分はどうなるのでしょうか。真実の感情に発するあの詩的な気分は、人間に対する月のすばらしい働きかけによって生じたのではないのでしょうか。

この矛盾は、一見そう思えるだけで、事実を一面的にではなく、事実の全体を考察すれば、消えてしまいます。もちろん、こんにちの月を物質として考察するだけなら、私たちの地上生活と同じような生活を月の上でいとなむことができないことはよく分かります。そして同じく、月の物質成分に結びついた月のエーテル成分のすべてでも、その大部分は、私たちのエーテル体を成り立たせているエーテル成分に較べると、非常に価値が乏しく、頽廃しています。

月には月の存在たちがいるのですが、その存在たちのアストラル成分を見霊的に考察すると、私たちの地上での低級な感情の中の最悪の部分に較べても、それよりももっと悪質な無数の働きを示しているのです。したがって、月のアストラル成分、エーテル成分、さらには物質成分に関しても、地球が有害な影響から脱して、自由に道を歩んでいくために、排除しなければならなかった、と成分について言えるのです。

けれどもここで、別の事実のことも知っていなければなりません。私たちはどんなときも、悪いもの、良くないものだけに眼を向けてはならないのです。なぜなら進化において低次の、悪い存在になるものはすべて、常に或る意味深い条件の下に置かれているのですから。事柄が進行している限り、低次の領域へ深く落ちてしまったすべては、より完全な別の存在たちによって浄化され、高みへもたらされなければなりません。ですからふたたび、宇宙全体の、いわば家政の役に立つことができるのです。

宇宙のどこかに特別低次の存在たちがいたとしたら、そこにはこの低次の存在たちと一緒に、別の高次の存在たちが必ずいるのです。そしてみずからの善良さ、美しさ、崇高さの力を働かせて、どんな低次の働きをも善なるものに導くのです。ですから、低次の存在がすべて月と結びついていることは真実なのですが、しかしその一方で、高次の、至高の存在たちもその低次の存在たちと結びついているのです。例えば、月には高次の、非常に高次の霊的本性であるヤハヴェが住んでいます。私たちはこのことをすでに知っています。偉大さと崇高さをそなえたこの高次の本性は、背後に善良な大勢の配下を従えています。ですから、もっとも低次の存在たちが月と一緒に地球から出ていったのですが、同時に悪を善に、醜を美に変えることのできる存在たちがずっと月に結びついていたのです。もしもこの存在たちが醜いものを地球体の中に残しておいたなら、そうはできなかったでしょう。醜いものを月の中に取り込まなければなりませんでした。

それでは一体なぜ、醜いもの、悪いものが存在していなければならないのでしょうか。なぜなら、醜いもの、悪いものの働きなしに、人間がそれぞれ独立した単一の存在となることは決してなかったでしょうから。

先回の考察を思い出して下さい。人間の低次の本性は水の中に根を張っていました。人間の半身は暗い水面下に延びていたのです。当時の人体に骨は存在せず、はっきりした形姿を現してもいませんでした。植物的で花に似た人体の姿は絶えず形を変えていました。もしも月で発達したような働きがなかったなら、人間はそのような姿であり続けたでしょう。

太陽の作用だけを受けていたとしたら、人間存在の可動性は最高度に達し、地球は人間には耐え難いくらい急速なテンポをとるようになったでしょう。こんにちのような人体形姿を保つことができなかったでしょう。一方、月の働きだけが地球に作用したなら、人間はたちどころに凝り固まってしまったでしょう。人体は生まれた瞬間に固まり、ミイラ化して、永久に同じ姿をとり続けたでしょう。こんにちの人間は、この両極端の間に立って、発展を遂げてきたのです。際限のない可動性と凝り固まった形姿との間に立って、です。

物質体としての月も、月のこの凝固する力に従って、滓《かす》のような存在になってしまったのです。このような形に働きかけられるのは、月と結びついた高次の強力な存在たちだけなのです。

こうして二つの作用力が地球に働いています。太陽と月の作用力です。一方は生きるように促し、もう一方はミイラ化します。どうぞ考えてみて下さい。巨大な存在が太陽をどこかへ連れ去ったとします。その瞬間に私たちみんなはミイラになってしまったでしょう。そして、その形姿は未来永劫、変化することはないでしょう。

けれども、巨人が月を連れ去ったとしたら、どうなるでしょうか。そうしたら、こんにち私たちの知っているすべての美しい、悠然とした、まとまりのある動きがせわしなく動き出すでしょう。人間の内面もせわしなく動き出して、手を途方もなく遠くのほうにまで伸ばしたり、すぐにひっこめたりするでしょう。変容する力が途方もなく強まるでしょう。今の私たち人間は、この二つの極端な力の間に組み込まれているのです。

しかし宇宙は、形姿や成分だけでなく、事物相互の関係においても、いろいろな点で非常に賢い仕方で整えられています。そこで今、宇宙にはどれほど無限の叡智が働いているかを知るために、オシリスの形姿と結びついた相互関係を考察してみようと思います。

エジプト人はオシリスの形姿の中に、地球に対する太陽の働きかけを見ていました。それも太古の、まだ空気のなかった、厚い霧が地球を包んでいた時代をオシリスの中に見ていたのです。人間が空気を呼吸し始めたとき、その瞬間に一つの存在だったオシリス＝セトが二つに分かれたのを、エジプト人は見たのです。セトまたはテュフォンは、空気が息となって私たちの中に入ってくるようにしました。テュフォンつまり風の息は、太陽の光から自分を分離し、そしてオシリスはもっぱら太陽の光として働いていました。

この瞬間は、人間存在に生と死が生じた瞬間でもありました。形をまとめたり、形をくずしたりすることは、それまではまるで上着を着たり脱いだりすることのようだったのですが、そこに今、大きな変化が生じました。もしも人間が、後に太陽と共に出ていったあの高次の本性たちの作用を、まだその本性たちが――地球から離れていなかった時代に――感じることができたなら、感謝を込めてこの高次の太陽存在たちを眼の前に仰ぎ見たことでしょう。

しかし、太陽はますます地球から離れていきました。地球を取り巻く霧が次第に薄れて――

もちろんその霧は、当時の人間にとっては自分の高次の本性の領域だったのですが――、太陽の直接の働きかけを知覚することがますますできなくなった人間は、自分の低次の本性の力だけを意識するようになりました。そしてその結果、自分の自我を把握できるようになりました。人間は、低次の本性の中に埋没したとき初めて、自分自身を意識するようになったのです。

私たちがオシリスと呼ぶ霊的本性は、なぜ暗くなったのでしょうか。光が太陽の分離に伴って働きをやめたからです。しかしヤハヴェは、はじめ月が分離するまで地球に留まっていました。オシリスは太陽光の力を担った霊でしたが、後に月が分離したとき、月と共に出ていき、月から太陽光を地上に送る使命を引き受けました。

はじめ太陽が出ていったとき、ヤハヴェとその眷属はオシリスと共に地球に留まりました。人間が呼吸することを学んだ頃、月が出ていきました。オシリスは月と共に出ていき、太陽光を月から地球に反射する使命を引き受けたのですが、箱の中に入れられました。つまりオシリスは月と共に引きこもったのです。それまで人間はオシリスの作用を太陽から受けていました。今や人間は、以前太陽から受けたものが月から流れてくるのを感じていました。当時の人間は、月の光が地上を照らしたとき、こう言いました――「オシリスよ、あなたは月からあなたの本性である太陽光で私を照らしてくれるのですね」。

しかし、この太陽光は毎日、別の姿で地上を照らします。月が細い弧となって天空にかかるときが、その光の最初の姿です。二日目、三日目になるにつれて、弧の幅が大きくなり、一四日間に一四の姿をとり、そして満月になります。オシリスは一四日間に一四の姿を地球に向けます。太陽の光を反射する月の、つまりオシリスの一四の姿、一四の成長段階は、深い意味をもっています。月のこの行為は、宇宙上で、人間の呼吸作用と深く結びついています。この月の姿が天空に現れたとき初めて、人間は呼吸することを学び、それと共に人間は物質界と結びついたのです。そして人間本性の中に自我の萌芽が生じたのです。

後のエジプト人は認識の力によって、ここで述べたすべてを感じとり、そしてこう語りました――「オシリスはかつて地球を支配していた。しかしその後、テュフォンが、風が現れた」、と。

これは水分が大量に降ってきて、空気が生じ、人間がその空気を呼吸するようになったときのことを述べているのです。テュフォンはオシリス意識を克服しました。彼はオシリスを殺害し、箱の中に入れ、海に流しました。この宇宙的な出来事をこれ以上意味深くイメージに表現することができるでしょうか。始めは太陽神オシリスが支配していました。それからオシリスは月に追放されました。月は宇宙空間の海に流された箱なのです。オシリスは宇宙空間を漂うのです。

しかし、私たちは伝説が次のように語るのを知っています――「宇宙空間に浮かび上がり、見つけ出されたときのオシリスは、一四の姿をとって現れました」。伝説はこう語ります――「オシリスは一四の部分に切り離され、一四の墓に埋葬されたのだ」。

この深い根拠をもった伝承は宇宙経過を見事に示唆しているのです。月の一四の相は、ばらばらにされたオシリスの一四の肉体部分なのです。オシリスの全体は月面の全体なのです。

この物語は一見すると、すべてが単なる象徴であるかのように思えますが、宇宙の現実を物語っています。ですから私たちは今、宇宙の秘密を解明するのに不可欠の問題に向き合うのです。すなわち、もしも太陽と月と地球との間にこのような位相が生じなかったなら、もしも月が一四の姿で現れなかったなら、人間にとって特別大切な組織が生じなかったでしょう。この一四の姿は特別の身体器官を生じさせたのです。月の一四の姿のそれぞれは、地球紀の人間の進化に非常に大きな影響を及ぼしたのです。これから私は奇妙なことを皆さんに申し上げなければなりませんが、これは真実のことなのです。

今述べたすべてのことがまだ生じていなかったとき、オシリスがまだ地球から宇宙へ出ていかなかった当時、人間は光の姿をしていました。その光の人間は、素質としても、こんにち最大限に重要な器官をもっていませんでした。人体にとって脊髄は非常に重要です。そこから神経が出ています。神経は、素質としても、月が分離する以前の時代には、存在していませんでした。月の一四の姿は、その相互の関係の中で、人間の脊髄に一四の神経束を組み込むきっかけとなったのです。宇宙の働きによって、月の一四の姿もしくは相がこの一四の神経束を生じさせるようになったのです。これもオシリスの働きの結果だったのです。

さて、月のこの相には、別の側面があります。この一四の相は月の形姿の半分にすぎません。この新月から満月までの一四の相のほかに、満月から新月までの一四の相もあります。新月までの一四日間、オシリスの作用はありません。月は満月から新月まで、太陽に照らされていない面を地球に向け続けます。満月から新月までのこの一四相もそれぞれ地球に作用を及ぼし続けますが、その作用はエジプト人の意識では、イシスによるものなのです。この一四の相はイシスの支配を受けています。イシスの作用を受けると、一四の別の神経束が脊髄から生じます。ですから、月の二八の相に対応して、全部で二八の神経束が生じるのです。

この点で、人体の器官が宇宙上の出来事に由来していることが分かります。何人かの人はこう言うでしょう――「それは神経束のすべてではなく、二八の神経束だけにすぎないのではないか」。

太陰（月）暦が太陽暦と一致していたのなら、二八だけにすぎないでしょう。しかし太陽暦のほうが長いので、太陰暦と太陽暦との差が、それ以外の神経束をも生じさせています。このようにして、イシスの作用とオシリスの作用が、月から人間の生体を生じさせる働きをしているのです。しかし、この事実はさらに別の事実とも結びついています。

月が外から作用し始める瞬間まで、まだ男性も女性も存在していませんでした。それまでは、いわば両性具有の、男であり女である人間だけがいたのです。両性の分離は、月からイシスとオシリスの相前後する作用によって生じたのです。オシリス系神経またはイシス系神経が生体に及ぼす特別の作用次第で、人間は男になったり、女になったりします。特にイシスの作用が支配的な生体は、男性になり、オシリスの作用が支配的な人体は、女性になるのです。もちろんどんな男にも、女にも、イシスとオシリス両方の力が働いています。しかしその場合、男のエーテル体は女性的であり、女のエーテル体は男性的なのです。この点で個々の存在と宇宙の位相とのすばらしい関連を見てとることができます。

以上で分かるように、宇宙体の力によるだけでなく、その位相によっても、人間への働きかけが生じます。そして脊髄から出ている二八の神経束の影響の下で、男のからだ、女のからだが形成されました。

宇宙と人間進化との関連に更なる光を当てるために、もう少し話を続けますと、こういう働きが人間の形姿を作り上げます。しかし人間はこの形姿の中で硬化するだけではありません。太陽の作用と月の作用の間に均衡状態が作られるのです。

以上に述べた事柄の場合も、私たちは何らかの象徴を問題にしているのではなく、現実の事実を問題にしています。では、そもそもまだ分断されていないオシリスとは何ものなのでしょうか。そして分断されたオシリスとは何ものなのでしょうか。以前は統一体だった人間が、今は二八の神経に分断されたということなのです。オシリスはばらばらにされました。そうならなかったなら、人体形姿が生じることはなかったのです。

それでは、太陽と月の影響の下に、何が形成されたのでしょうか。すべての神経束の協同作業によって、外的に男と女が生じただけなく、人間の内面においても、男性原理、女性原理の影響によって、イシスの作用が生じ、そしてこの内なるイシス作用が、肺なのです。肺はテュフォンまたはセトの影響の調整者です。オシリスからは人間に男性的な仕方で働きかけ、それが女性的な結果を、つまり肺を生じさせるのです。肺は息をすることによって生産的な活動をします。太陽と月から生じる作用によって、男性原理と女性原理が統禦されます。女性的なものの中で男性的なものが生かされて、喉頭部が生じ、男性的なものの中で女性的なものが生かされて、肺が生じるのです。

どんな人間の中でもイシスとオシリスが内部における高次の本性として働いています。どんな人も両性的なのです。なぜなら、どんな人も肺と喉頭部をもっているのですから。男も女も、同じように多くの神経をもっています。そして今、イシスとオシリスは、このようにして低次の本性から切り離されたあとで、未来の地上の人間の創造者となる息子を生むのです。すなわちホルスを生むのです。イシスとオシリスの子、ホルスはイシスに保護され、育てられました。

母イシスの肺翼に保護され、育てられたのは心臓です。ここにはエジプト人の見た宇宙経過の神話形象があらわれています。その形象は、古代秘儀の学堂では、人間の高次の本性を男性的＝女性的なものと見ていたこと、それはインド人がブラフマと呼んだものにほかならないことを示しています。

インドの弟子には、すでに原人の中に、後にエジプト人がホルスと呼んだ高次の形姿が示されていました。子なるホルスがインドの弟子に示されて、すべては原音声であるヴァークによって生じたこと、ヴァークという原音声は多くの音声に分化したことが伝えられました。インドの弟子が体験したことは、『リグ・ヴェーダ』の注目すべき言葉の中に残されています。『リグ・ヴェーダ』の或る箇所はこう述べているのです――「人間には下から七つが、上から八つが、背後から九つが、岩窟の床から十が、そして内から十が働きかけている。母が子に乳を授けている間に」。

これは注目に値する箇所です。私が肺と呼んだイシスと、呼吸器官と呼んだオシリスのことをこう考えてみて下さい。音声を発するとき、母音が喉音、肺音によって子音に変化します。子音はいろいろな側面から生じます。七つは下から喉、その他を通って響きます。私たちの空気器官に関わるすべての作用が、そこに含まれています。音声が分節化される場合、そこには高次の母、子を抱き育てる母としての肺が存在しています。子はすべての影響の下に形成された人間の心臓です。声を有情化しようとする衝動はこの心臓から来るのです。

秘儀参入を志す者に、宇宙の秘密に充ちた作用がこのように示されました。その作用は、時の流れの中で人体を形成していきました。そして、人間のその他の身体部分が組み込まれていきました。このようにエジプトの神秘教義の中には、オカルト解剖学の一章があるのです。この解剖学はエジプトの秘教学堂で教えられました。その学堂では宇宙の力、宇宙の本質、宇宙と人間との関連が伝授されたのです。

第七講

一九〇八年九月九日

これまで地球並びに太陽系全体の進化と人間本性との関連について取り上げてきました。特にこれまでの二回の講義では、エジプトの秘儀の弟子のみならず、エジプトの全民族もよく知っていた、エジプト秘儀の中に甦った、太陽紀、地球紀、月紀の諸事実に光を当てました。弟子は見霊体験の中で、私が述べてきたすべての事実を学びました。今日もこの事実に補足を加えておきたいと思います。

見霊体験を持たなかったエジプト民族の大半の人びとは、これまで取り上げてきた事柄を神話形象として知っていました。その形象がエジプト人の世界観のもっとも重要な基礎をなしていたことは、すでに何度も述べました。すなわちオシリスとイシスの神話です。この形象の中には、無意味な内容はひとつもありません。それは単なる形象なのではないのです。イシスの神話は、次のように述べられています。――

むかし地上をオシリスが支配し、人類に幸せな生活を保証していました。オシリスの支配は、太陽がさそり座に位置するときまで続きました。そのときに、テュフォンまたはセトと呼ばれた弟が、兄オシリスを殺害したのです。テュフォンはオシリスが或る箱の中に横たわるように仕向け、それに成功すると、その箱に封をして海に流しました。オシリスの妹であり、妻であったイシスは、兄でもある夫を探し求め、そして兄を見つけ出すと、エジプトに運びました。けれども悪賢いテュフォンは、ふたたびオシリスを捉えて殺害し、そのからだを、ばらばらに切断しました。イシスは遺体の一つひとつを集めて、いろいろな土地に埋めました。こんにちでもエジプトでは、いろいろなオシリスの墓を見ることができます。

その後、イシスはホルスを生み、ホルスが父オシリスのかたきテュフォンを討ち果たしました。オシリスは神霊たちの世界に迎え入れられ、もはや地上の人間のためにではなかったのですが、死から新しい誕生まで霊界にいる人間のために働き続けています。ですからエジプトでは、死者の道をオシリスへの道と考えていました。

以上の神話は、エジプト人の人生観のもっとも古い部分に属します。物語のいろいろな部分が変えられたり、付け加えられたりしましたが、このオシリス伝説は、エジプト的な宗教観が生きていた間は、エジプト人のすべての宗教生活に浸透していました。

この伝説の中には、弟子が秘儀の学堂の聖なる秘密として霊視した現実の出来事が語られているのです。そこで私たちもこの伝説を知った上で、ふたたび昨日始めたところへ眼を戻して、さまざまな月の形姿の影響によって生じた事柄を一層正確にイメージしてみる必要があります。私たちは脊髄から出ている、二八の神経束について話しました。この神経束は、二八日間の月の位相に由来しています。月は同じ形姿に戻るまでに二八日かかります。私たちは、人間の中にこの二八対の神経束が宇宙力によって外から作り出されたという秘密を探求しました。そこでどうぞ、次のことに眼を向けてください。――

エジプトの弟子が学んだ人間の進化に、です。その進化を可能な限り簡潔に、正確に述べてみようと思いますが、これからお話しすることは、こんにちの観点からすると、特に近代解剖学にとらわれていると、まったくのナンセンスだとしか思えません。けれどもこの教えは、エジプト秘儀に参入すべき弟子が学んだというよりは、霊視した内容だったのです。私はその内容を感情で受けとめていただきたいと思っています。この教えは、エジプト秘儀での霊視内容であるだけでなく、こんにちの神秘学者にとっても、真実であり、そのまま受けとれる教えなのです。

すでにこれまでの講義で述べたように、地球紀の発端において、地球は原始の霧を生じさせている人間萌芽だけから成る存在でした。この霊的な人間萌芽から後の人間形姿全体が生じました。このことを、インドの見霊者も、エジプトの見霊者も霊視することができました。この人間萌芽から後に生じたすべてを、当時の人は霊視できたのです。

この人間萌芽から最初に生じたものに眼を向けますと、太陽がまだ地球とひとつだったとき、人体は一種の植物のように、萼《がく》を上に向って開いていました。この形が、あの原始の霧から生じて、地球全体を充たしていました。とはいえ、その最初期には、花冠《かかん》のように宇宙空間に向かって開いていた人体は、ほとんど眼には見えません。すぐ近くでは、花冠を熱として感じとることができるだけです。ですから、始めの人体は熱のからだとして存在していました。次に、まだ地球と太陽はひとつだったのですが、この人間形姿が内部から輝き始め、その輝きを宇宙空間に放射しました。

その当時、現在の眼をもってこの光輝く人体に近づいたなら、眩しい光を宇宙空間に放射する、輝く太陽に似た、規則正しい球体を見たことでしょう。こんにちの私たちには、当時の地球の姿をはっきりイメージすることはとてもできませんが、ただこう考えることはできるでしょう。――地球の大気がもっぱら螢のように内から輝きを発する存在に充たされ、その螢のような存在の眩しい光が宇宙空間に輝きを発しているのです。

地球がまだ太陽と結びついていたとき、人体形姿はそのように宇宙空間に光を放射していました。そして、このような人体形姿が存在していただけでなく、同時にこの萼状の形姿の周りには、一種のガス体が群がっていました。ちょうど現在の動物や人間のからだの中に液状、固体状の成分が見出せるように、当時は多くのガス状の成分が人体の中に融け込んで存在していました。

けれども、こういう人体が生じますと、すぐに共同の大地の中から、別の萌芽も生じるようになりました。それがこんにちの動物界の最初の萌芽だったのです。人間界の萌芽が最初で、次に動物界の萌芽が生じたのです。もちろん、まだ地球全体が空気状の、輝きを宇宙区間に向けて発する物体たちから成り立っていました。この空気の塊りの中に、動物たちの性の区別のない最初の萌芽が生じました。当時、それらの動物たちは、こんにちの動物界の最下層に立っていました。最初の萌芽状態にあるこの動物たちは、人間にとって一定の意味をもっていました。

動物たちの最初の萌芽は、もっとも濃縮したガスの塊りで、さまざまな形態をとって、一定の高みにまで進化を遂げました。太陽が地球から分離したときの最高の動物形態は魚でした。しかし、こんにちの魚のような姿だったのではありません。当時の形態は、こんにちの魚とはまったく違っていましたが、魚の段階に立っていたのです。この魚たちは、地球紀の初期の、太陽がまだ地球とひとつだったときの人体形姿の名残りをまだ留めていました。地球は水の地球にまで濃縮しました。そしてもっとも濃縮した形態を示す動物たちがこの水の地球の中を魚として泳いでいたのです。

そこに非常に独特な事情が生じました。この原魚類の形態のいくつかは動物のままに留まり、更なる進化を辿ろうとはしませんでしたが、別のいくつかが人間形姿と結びついたのです。その結びつきは次のようなものでした。――

太陽が地球から分離したとき、地球も自転を始めましたから、一つの面は太陽に照らされ、他の面は照らされず、昼と夜の区別が生じました。しかし当時の昼と夜は、今よりも本質的にもっと長かったのです。

月がまだ分離する以前、濃縮した人体形態が太陽の側にあったときに、人体というガスの塊りに水の地球の中の動物形態が組み込まれたのです。人体と動物体とが結合して、上部は人間形姿、下部は動物形姿を示すようになったのです。ですから、上部は太陽に向かって突出し、下へ向かっては、動物体と結びついたのです。

人体の上部は水の地球から突出していました。そして太陽の作用は、花冠状の人体を貫通することによって、人体内の地球と月の力に働きかけました。その結果、人体の下部は魚類段階の動物形態と結びつきました。その当時、人体を照らす太陽は魚座に位置していました。実際、この人体形成の過程は、太陽が天空で魚座に位置していた時期と重なったのです。太陽は、その後、何度も魚座を通過したけれど、この形成は、太陽が魚座に位置している時期に生じたのです。そして、魚の段階の存在たちが当時人間に組み込まれたことから、その星座の名が生じたのです。

さて、地球と月が一体だった頃、ヤハヴェは月の力を伴って地球に留まっていましたが、エジプト人がオシリスと呼ぶ神もヤハヴェと共に地球に留まっていました。そして月が地球から分離したとき、進化は極めて独特の在り方を示しました。月が分離するまでは、水の中の形成がますます濃縮化していき、月が分離した時点では、人間の低次の本性は、大きなイモリのような在り方を示していました。この段階の人間を、聖書は蛇とか龍とかと呼んでいます。

月が分離したとき、ますます動物界から人体の下部に働きかけがなされ、人間の下部は醜い動物の姿をもつようになりましたが、上部は太陽の力を受けた、光の形姿の名残りを留めていました。光の存在たちが人間の中に作用し続けていました。水の地球からこの独特の形姿を突出させている人間は、原始の海の中で、泳ぎ漂いながら移動しました。

この光の形姿とは何だったのでしょうか。それはひとつの包括的な、強大な感覚器官だったのです。原始の海を泳いでいたとき、何か危険なものが近づくと、この器官でそのことを知覚することができました。またこの器官で暖かさ、冷たさを知覚しました。この器官は後になると萎縮し、現在はいわゆる「松果腺」になっています。当時の人間は、泳ぎ漂いながら、この器官を一種の提灯のように活用していました。こんにちでも幼児の頭部にひとつの柔かい箇所がありますが、その箇所は、かつてこの器官が宇宙空間へ向かって延び拡がったところだったのです。

人間はますます高次の動物形態をとるようになりました。そして、人体形成の特定の時点に達すると、魚だった形姿は、水の中で、後の人体の萌芽を示すようになりました。その人体萌芽は「水の人」（水瓶座のドイツ名）と呼ばれました。そして、そこからさらに続く時点での形姿は、「山羊《やぎ》」と呼ばれました。

実際、人体の下部に対応するものがそのつど星座の名称になったのです。両足は根源の魚を示しています。長い間泳ぐときの方向づけを可能にしていたのは、下腿部である「水の人」でした。ひざは「山羊」座と関連しています。動物性はますます進化を遂げ、そして上腿部となったものが、「射手《いて》」と呼ばれました。ここでその呼び名の由来を説明するとなると、脇道にそれすぎてしまうでしょう。

今お話ししたいのは、人間の動物性が「射手」に対応していたときの人間がどんな様子をしていたかです。当時の人間は、水面に形成された島々で初めて運動できるようになった動物でした。人間は上方ではますます精妙化し、最上部では実際に光の姿を残していました。人間の姿は上方では、一種の提灯のように頭上に生じた器官に照らされていました。当時の人体形姿を正しく知ろうとするなら、上方はエーテル的で、下部は動物に似たものと考えなければなりません。黄道十二宮の昔の図では、射手の像は下方は動物形態をとり、上方は人体として示されています。

そのような星座の図は、人間の進化段階を再現しています。ちょうどケンタウロスが人間の進化段階のひとつを再現しているようにです。すなわち、ケンタウロスは下方が馬で、上方が人間です。ただし馬を文字通りに受けとるのではなく、動物性の代表であると考えなければなりません。それが昔の芸術原則でした。芸術的に形成しようとしたものは、見霊者に記述させるか、自分で見るかしたのです。芸術家自身も秘儀参入者でした。ホメロスは盲目の見者、つまり見霊者だった、と言われています。ホメロスはアカシャ年代記を読むことができました。盲目の見者ホメロスは、霊的な意味で、他のギリシア人たちよりもはるかに見霊能力をもっていたのです。

ケンタウロスは真実の人体を示しているのです。そのような姿をした人間がいたのは、月がまだ地球から分離せず、月の力がまだ地球の中にあったときのことです。その人間の中には、かつて太陽紀に形成されたものが、まだ存在していました。すなわち、輝く松果腺が、です。当時の人間は松果腺を一種の提灯のように頭上に掲げていました。次いで月が地球から離れますと、男女両性が生じました。ケンタウロス人間には、まだ性の区別がありません。太陽がさそり座に位置したとき、男女両性が生じました。ですから人間における性の働きは、蠍《さそり》座と結びつけられています。蠍は人間が性の衝動を持つようになった進化段階に対応しています。

人間の上半身は宇宙の力に応じており、そして下半身は、男か女に分かれていました。人間は男か女になったのです。

さて、エジプト秘儀の見霊的な弟子が地球紀のこの時代に眼を向けたとき、地上に見出した人間の群れは、下方では、自分の低次の本性に従って、濃縮した体型を生じさせ、上方では光輝く人体形姿を示していました。

次いで月の力が脊髄に沿って神経束を組み込みました。脊髄の上方、現在の頭部も濃縮され、脳が作られました。脳は変形された光の器官なのです。その脳に脊髄が組み込まれ、その脊髄から神経束が出て、そこに低次の人間が結びついていました。このことがエジプトの弟子に教示され、地上に受肉しようとする本性はどんな本性であれ、ふさわしい人体形姿をとらざるをえない、と知ったのです。オシリスは霊として何度も地上を訪れ、人間にも受肉しました。ですから、オシリス神も地上に降下して、人間の姿をとったのです。地上を訪れるどんな高次の本性も、人間の姿をとったのです。その人間の姿は、光の体をもち、特徴的な冠をかぶっていました。その冠はオシリスの提灯であり、比喩としてはポセイドンの息子ポリュフェモスなる一つ目の巨人のあの目でもありました。この器官、はじめは人体の外にあったあの提灯は、その後、脳の中の松果腺に変わりました。原始芸術のすべては、実際の人体形姿の象徴だったのです。

ギリシアの秘儀参入者がエジプト人のこの秘密を知ったとき、すでにいろいろなことが分かっていました。その点ではエジプトの秘儀参入者と同じでした。ただ言葉の表現が違っていただけでした。エジプトの秘儀参入者は高度に見霊能力をもっていたので、弟子の多くが太古の時代を霊的に回顧することができました。エジプトの秘儀参入者はもともとあの秘密との関連をもっていましたから、エジプトの秘儀参入者にとって、ギリシアの司祭たちはつっかえつっかえ話す子どものようでした。かつてソロンと出会ったエジプトの祭司はこう語ったといいます——「ソロンよ、ソロンよ、あなたたちギリシア人は、いつまでも子どもなのですね。老いたギリシア人に会ったためしがありません。あなたたちはみんな、心が若いのです。あなたたちは伝承にもとづいた古い見方も、経験ゆたかな知識も持っていませんね」。

このような言い方で、エジプト人は、エジプトの叡智が地上で経験できるすべてよりもはるかに崇高なものである、と語ったのです。エレウシスの秘儀だけは、同様に崇高でしたが、ごくわずかな人だけがこの秘儀に関わることができました。

しかし、エジプトの秘儀参入者が地球紀の進化過程で見ていたこと、神オシリスが太陽から分離して、月へ向かい、そして月から太陽光を反射したこと、この神の行ったこと、それはギリシア人にとっても聖なる行為でした。ギリシア人も、この神オシリスが二八の月の相を生じさせ、それによって人間の中に二八の神経束を組み入れたことを知っていました。オシリスを通して神経系が脊髄に作られ、それによって人間の上体全体が形作られました。事実、筋肉は、神経という造形家によってその形態を得たのです。筋肉、軟骨もしくは心臓や肺のような諸器官、そのすべては神経によってその形態を得たのです。

このように脳と脊髄は、かつての太陽活動によって生じ、そしてオシリスとイシスの二八の形姿がこの脊髄に外から働きかけたのです。したがって、オシリスとイシスがそれらをつくったのです。そして、脳がその触手を脊髄にまで下ろすことで、オシリスが脊髄に働きかけるのです。ギリシア人もこのことを感じていました。そしてエジプトの秘儀を知ったとき、オシリスはアポロンと同じ神なのだと悟りました。ギリシア人は、エジプトのオシリスはアポロンのことなのだ、と言い、そしてオシリスが神経に働きかけ、人間の内部に魂のいとなみを生じさせたのと同じように、われわれのアポロンもそうしたのだ、と言いました。

そこでこの形成過程をスケッチしてみましょう。図式的に頭脳を脊髄に連続しているように考えてみますと、オシリスの二八の手がそこに加わり、竪琴を弾じるようにオシリスの二八の腕が働いて、この脳と脊髄を演奏するのです。

ギリシア人はこのことについて意味深い形象を示しました。それがアポロンの竪琴です。どうぞ竪琴を脳、絃を神経と考えてみて下さい。その絃をアポロンが弾くのです。アポロンは宇宙の竪琴を、宇宙が作った偉大な楽器を弾きます。そして魂のいとなみを決定する響きが人間の許で響きます。これはエレウシスの秘儀参入者にとっては、エジプト人がその形象の中で表現したものと同じだったのです。

こういう形象を見ると、それを図式的に解釈してはならないし、何かを空想的につけ加えてもならないことが分かります。事実、形象は、知性によるなんらかの夢想よりも、はるかに深いのです。ギリシアの見霊者がアポロンについて語ったときは、オシリス＝アポロンの、そして人間性の秘密を眼の前にしていました。そして、エジプトの弟子が地球紀の秘密に参入したときは、オシリスが眼の前に立っていました。ですから、私たちに伝えられてきたこの象徴、この形象は根源の秘密から取ってこられたのです。この秘密の一切の表現は、知性による解釈よりも、はるかに意味深いのです。この竪琴とアポロンの手とは、実際に見られたのです。どんな象徴もなんらかの実際の霊視、直観に由来します。このことが本質的に大切なのです。なぜなら、見られたのでないような象徴や伝承など存在しないのですから。

エジプト秘儀に参入しようとする弟子は、長い長い期間の後に、やっとそういう秘密に触れることができました。まず弟子は、私たちの基本的な神智学に似た教義によって準備をしました。次いで本来の行法が許されました。そのときの弟子は、一種のエクスタシー状態を体験しましたが、それはまだ本来の見霊体験であるとは言えませんでした。

弟子は後に霊視すべき内容をそこに見出したのです。実際、月の地球脱出過程と、それに伴うオシリスの地球脱出、月から地球へのオシリスの働き、それを弟子は生まなましい、圧倒的な夢として見たのです。実際に弟子はオシリス＝イシス伝説を夢見たのです。どの弟子も、このオシリス＝イシスの夢を見ました。それを夢見なければなりませんでした。その夢を見なければ、真の事実に出会うことはできなかったのです。形象、想像力を通して、弟子は先へ進まなければなりません。オシリス＝イシスの伝説は内的に体験されたのです。そのような脱魂的な魂の状態が真の直観の前段階でした。霊界で演じられる事柄を霊視するための前奏だったのです。弟子がアカシャ年代記の中に、今日述べたことを読むことができたのは、今日暗示するにとどめたような高次の秘儀参入を達成したときだけでした。今日は暗示にとどめましたが、明日はそれについてさらにお話しするつもりです。そしてそのあとで、黄道十二宮の他の形象の意味について述べようと思います。

第八講

一九〇八年九月一〇日

これまで人間の生体をめぐって、重要な進化過程を学んできました。人体が生じたときから月が分離する時点まで辿ってきましたが、今言った「時点」というのは、もちろん不正確な言い方です。こういう経過は長い時間を要することだからです。月がそもそも地球から分離しようとし始めたときから完全に地球から分離したときまで、長い期間が経過し、その間にはいろいろなことが生じました。

さて、私たちは月から分離するまでの人間を考察してきたのですが、その頃の人体形姿の下半身、つまりほぼ腰から下の部分は、現在とやや似た姿をしていました。現在の私たちの肉眼でも、現在の人体よりは柔軟でしたが、その姿をはっきり見ることができたでしょう。しかし、その上半身は、見霊意識でしか見ることができなかったでしょう。

すでに言いましたように、伝説上のケンタウロスとして、当時の人体形姿がこんにちまで伝えられてきました。私たちはケンタウロスの個々の身体部分の中に、その後次第に足、膝《ひざ》、脛《すね》、腿《もも》に進化していく人体部分を見てとることができました。これらの部分は、当時は、動物形態を示しており、人間はその後、その動物形態を超えて進化していったのです。今述べた動物形態は、一定の進化段階に留まり続けました。今日、私たちは、以上についてもっと詳しく考察してみようと思います。

太陽が地球から分離した頃の地球には、動物形態はまだ存在していませんでした。太陽が分離したあとの動物の最高形態は、こんにちの魚類の段階にありました。人間の足がこの魚の形態に対応していると言われますが、人間の足と魚とを関連づけるとは、どういうことなのでしょうか。当時、水の地球の中で魚のように泳ぎ廻っていた魚の形態があとに残ったこと、当時人間の中で物質的に知覚できたのは足だけだったことを意味しているのです。

他の人体部分は精妙なエーテル形態で存在していました。私が杯形とか花冠形とか輝く器官とかと述べたのは、エーテル形態のことです。その形態は光に貫かれた空気と一つになっていました。そして人間の下半身の部分だけが、実際に海の中を、こんにちの魚のように泳いでいたのです。そのあとで、「水の人間」（水瓶座のこと）と呼ばれた、からだの下腿部までが眼に見える高次の動物が存在するようになったのです。この高次の動物である人間は、進化の各段階で一定の動物形態をあとに残しながら、自分はそこから脱け出していったのです。

月が地球から分離し始めた頃、人間の低次の本性である下半身は物質的に形成されていましたが、上半身はこれから形成されようとしていました。外から月の作用が地球に働くようになると、エジプト人がオシリスと呼んだ月のさまざまな姿を通して、月の光が人間に働きかけ、人間の上半身のもっとも重要な器官である神経が人体に組み込まれました。脊髄から出ている神経が、上半身を形成する誘引になりました。オシリス＝アポロンが人間という竪琴で奏したあの響きを通して、まず人間の中心である、腰の中心部が作られました。この時点で停滞してしまったすべては、両生類になりましたが、人間はそこから脱して、進化を続けました。

月が地球と結びついていた間、月は人間の進化を多かれ少なかれ押しとどめました。魚の形態は太陽とまだ関連を失っていませんでしたから、健全な人間感情は、魚の姿を好んでいます。人間は魚の泳ぐ姿を見るのが好きなのです。それに反して魚よりも高い進化段階にある両生類、蛙、がま、蛇が這い廻ったり、とぐろを巻いたりしているのを見ると、おぞましい感じを抱きます。こんにちの両生類は、当時の形態の頽廃した姿を示しているからなのですが、かつての人間の下半身も、そういう形態をしていたのです。

物質上は腰までの下半身しか持っていなかったときの人間は、一種の龍のような姿でしたが、あとになって上半身が形作られ、さらにその上半身が下半身をつくり変えました。ですから、こう言えるのです。――魚の姿は、太陽がまだ地球と一体だったときの人間の姿を示している。

太陽が地球から離れたときまで、人間は魚の段階に立っていた。

さて、進化の偉大な指導霊たちは、彼らの居住地となる太陽を形成したときに、地球から去り、ずっとあとになってふたたび地球に戻ってきました。太陽と一緒に出ていった霊の中に、指導的な太陽霊たちの最高の霊であるキリストがいました。太陽が分離するまでの人間は、もっとも高貴な霊として太陽と共に地球から出て行った本性と一つに結びついていたのです。このことを考えると、太陽の分離という出来事を前にして、私たちは深い畏敬の感情を持たざるをえません。魚の形姿を通して、私たちは太陽と地球の分離を、そしてキリスト自身による形成を見てとることができました。それ以前の人間は、地上で太陽と結びついていました。そして太陽が分離したとき、人間の姿は、太陽霊たちによって与えられた魚の形姿を保っていました。

キリストは、人間が魚の姿をとっていた当時、地球から分離したのです。この形姿は、最初のキリスト教時代の秘儀参入者たちによって大切にされました。ローマのカタコンブには、この魚の象徴がキリストの象徴として描かれています。この象徴は、キリストが地上でまだ彼らと一つに結びついていた時代と、それに続く偉大な宇宙的出来事（太陽の分離）を想起させるものだったのです。

太陽が分離したときの人間は、魚の形態にまで進化を遂げていたので、原始キリスト教徒たちは、魚の象徴の中に人間＝キリストの形姿への示唆を見、そのことを何か途方もなく深いものと受けとっていたのです。このような重要な記《しる》しである宇宙的な進化の象徴像は、しばしば試みられてきた外的な象徴解釈からどんなに遠く隔たっていることでしょう。真の象徴は、高次の霊的な現実を指示しているのです。

初期のキリスト教徒にとって、そのような象徴は、何かを「意味している」だけだったのではありません。霊界で実際に見ることのできるあれこれの像だったのです。そして霊界で見ることのできるものの示唆であると思えぬ限り、どんな象徴も正しく解釈できないのです。すべての思弁は、せいぜい象徴認識の準備でしかありません。「こういう意味である」、という表現は、まだ的確ではなく、象徴の中に霊的な事情が映し出されていると思えたときにのみ、その象徴を本当に認識できたのです。

さて、人類の進化をさらに辿っていきましょう。人間は実にさまざまな形態をとってきました。そして腰の高さにまで発達を遂げたとき、人間はもっとも醜い姿を示していました。現在の蛇がその形態の名残りを留めています。月がまだ地球の中にあり、人間が両生類の形態に到った時代は、人類の進化における醜態と堕落の時代でした。もしも当時、月が地球から出ていかなかったなら、人類はおそろしい運命に陥り、ますます醜悪な形態をとるようになったでしょう。ですから、素朴で健全な心情が蛇に対して抱く気持ちは、まったく正当なものなのです。

蛇は人間がもっとも堕落したときの姿を保っているのですから。素朴で健全な心情は、自然の中には醜いものなど何もない、と語るのではなく、蛇を見ると嫌悪を感じます。なぜなら、蛇は人間の醜態の記録なのですから。この感情は道徳的な意味で言われているのではなく、人間進化のもっとも堕落した時点を示唆しているのです。

今や人間はこの堕落から立ち直らなければなりませんでした。動物形態を脱却するには、自分の上半身の霊的な部分をも濃縮しなければなりません。すでに見てきたように、人間のすべての高貴な部分はイシスとオシリスの力によって進化することができました。オシリスの力を働かせ、高貴な部分を進化させるには、人間の脊髄の状態を、水平から垂直へ変える必要がありました。このことはイシスとオシリスの影響で生じました。人間は均衡を保つ太陽と月によって、一段一段導かれました。人間の半身が物質化されたとき、太陽と月は均衡を保っていました。それゆえ、腰の中心は天秤《てんびん》と呼ばれます。そして当時の太陽は、天秤座に位置していました。

ここで強調しておかなければなりませんが、太陽が蠍座に位置し、次いで天秤座に移ったすぐあとで、腰が発達した、と思ってはなりません。そう考えたら、進化の過程をあまりに速く考えてしまいます。太陽は二万五九二〇年で黄道十二宮を一巡します。太陽は或る春分の日に牡羊座《おひつじ》にいたとすると、その前は牡牛座に位置していました。春分点はそのようにずれていきます。ほぼ前七四七年に、太陽はふたたび牡羊座に入りました。私たちの時代の太陽は、春、魚《うお》座に位置しています。太陽が春に一つの星座から次の星座に移るまでの期間には、実に多くのことが生じますが、けれども人間がセックス器官から腰の発達の高みにまで到るためには、蠍座から天秤座への移行期間では、決して十分ではありません。

こういうことが或る星座から次の星座へ移行する間に生じると考えるのは、間違っています。太陽が一度黄道十二宮のすべてを一巡したあとで初めて進歩が現れるのです。以前の時代の太陽は、ひとつの進歩が生じるまで、しばしば黄道十二宮を一巡したのです。ですから、後アトランティス期のあのよく知られた天文学上の計算法を以前の時代に適用してはなりません。進歩が少し実現するだけでも、太陽が一巡しなければなりません。時代を遡れば遡るほど、一巡を何度も繰り返さなければなりませんでした。強力な働きかけを必要とした身体部分であればあるほど、時間は長くかかります。

進化を通して、人間はますます高次の存在になっていきます。胴体の下の部分が形成された次の段階は、乙女座で表わされます。

人間がますます現在の人間に似てくるにつれて、一定の進化段階に留まってしまった存在たちも現れました。この点を明らかにすれば、進化の本質がよく理解できます。前にも言いましたように、人間は肺も心臓も喉頭部も、月の影響で進化しました。オシリスとイシスがそれにどの程度関与していたかもお話ししました。そこでよく理解しておかなければなりませんが、心臓、肺、喉頭部のような高次の身体器官が発達できたのは、人間の高次の存在部分であるエーテル体、アストラル体、自我が本来の霊的部分として、それぞれこの発達に関わっていたからです。この存在部分は、以前の諸時期よりもはるかに大きな関わりを、天秤座の時代以来、もつようになりました。ですから、多種多様な形態が生じました。エーテル体が特に強力に働きかけることもあれば、アストラル体、自我でさえも、特別に働きかけることがありました。肉体が他の諸存在部分よりも強力に働くこともありました。そのような働きかけの結果、四つの人間類型が生じました。肉体が特に発達した人たち、特にエーテル体の刻印を受けた人たち、特にアストラル体の刻印を受けた人たちがいました。特に自我の刻印を受けた自我人間もいました。どの人間も、自分のどの存在部分が優勢であるかを示していたのです。

この四つの形態が生じた太古の時代には、グロテスクな姿も現れ、そこにもさまざまな類型が存在していました。あまり公開されてはいませんが、この時代の記憶を残しているいろいろな記録があります。

例えば、肉体が特に強くなり、その影響が上半身に及んでいる人びともいれば、下半身が特に発達している人びともいました。後者の場合は、黙示録の四聖獣の中の牡牛の姿で表わされます。こんにちの牡牛ではありません。こんにちの牡牛はその退化した形態を示しているのです。ある時期に主として肉体に規定されたものは、牡牛段階に留まってしまいました。こういう存在たちを代表するものが牛、もしくは牛の同類たちなのです。

肉体がまだ十分に力強く発達していない代わりに、エーテル体の、特に胴部の心臓に近い部分が発達している人間段階は、動物の中にも遺されています。人間がそこを越えていったこの段階は、ライオンの中に遺されているのです。ライオンはエーテル体が集中して働いていたときの人類の類型を今なお保っている動物なのです。

アストラル体がエーテル体と肉体を圧倒している人間段階は——もちろん退化した姿ではありますが——、鳥の中に保たれており、それが黙示録の中で鷲の像として表現されています。優勢なアストラル性が鳥の場合、大地から切り離されて、飛び立ち、鳥になったのです。

自我が強まり、自我が三つの他の本性を統一した存在が生じました。自我が他の三つの部分を調和させているのです。見霊者はそこにスフィンクスを見ています。スフィンクスは発達したライオンのからだと鷲の翼と、そして牡牛風のものを所有しています。スフィンクスの古い表現には、爬虫類の尻尾さえついていました。これは古い爬虫類の姿の痕跡をも示唆しているのですが、その一方、前面には、他の身体部分を調和させる人間の顔が示されています。

すでにアトランティス時代に、この四つの類型中、人間類型が優勢になりました。次第に人間の姿が鷲とライオンと牛の性質を調和させて、ますます優れた統一性を示して、四つの類型がひとつになると、完全な人間形姿が現れました。それはアトランティス中期の頃の人間形姿です。

その過程で別の状態もいろいろ現れました。人間の中では、四つの要素がいわば互いに調和して現れていましたが、その要素のひとつが主要な力となることが生じました。肉体の中での牛の性質は、天秤座の進化期に到るまでに、主要な力となって現れました。次いでエーテル体の中のライオンの性質が、次いでアストラル体の中の鷲の性質が、そして最後に自我の主要な力、本来の人間の性質が優勢になりました。この四つの人間本性のうちのどれかひとつが、個々の存在の場合に優位を占めたことによって、四つの類型が生じたのです。

しかし、別の結びつきもいろいろ生じました。例えば、肉体とアストラル体、自我が同じように発達して、エーテル体を支配している場合。これは人間の特別な類型です。次いでエーテル体とアストラル体と自我があまり発達していない肉体を支配している場合もありました。肉体とアストラル体と自我が優勢となった人間は、こんにちの男たちの身体上の祖先です。そして、エーテル体とアストラル体と自我が優勢となった人間は、こんにちの女たちの身体上の祖先です。他の類型は次第に消えていき、この二つの類型だけが残って、男と女の形態を形成したのです。

一体どうしてこの二つの形態だけが発達しえたのでしょうか。それはイシスとオシリスの力がそこにさまざまに作用していたからです。

すでに述べたように、イシス原則は月が暗くなる新月の諸相において働き、オシリスは輝いていく満月の諸相において働きます。イシスもオシリスも、月の霊的存在なのですが、その行為は地球上に成果を現しているのです。なぜなら、この両存在の行為によって、人類が二つの性に分かれたのですから。人間の女の祖先はイシスの働きによって形成され、男の祖先はイシスの働きによって形成されました。人類に対するイシスとオシリスの作用は、神経束を介して行われ、その作用によって、人類が男と女に分かれたのです。このことは伝説上、イシスがオシリスを探し求めることで示されています。男と女は互いに地上で求め合うのです。この伝説の中には、宇宙的進化のすばらしい経過が組み込まれているのです。

天秤座を通過したときになって初めて、男性的と女性的という性の相違が次第に人体の上部に現れてきました。人間は動物たちよりもずっと長い期間にわたって単性であり続けました。他の動物たちにずっと以前から生じていたことが、今初めて生じたのです。長い間、いわば単一の人間形姿が存在していました。後に生じたような生殖活動は何も行われず、人間の本性は、両性を同一の存在の中で表わしていました。「そして神は人間を男性＝女性にお創りになった」という言葉が聖書の中にあって、「男と女」と言っているのではありません。神は両性をひとりの人間の中に創ったのです。考えうるもっとも悪い訳は、神が「男と女」を創ったという訳です。なぜなら、それでは真の事実にとって意味がないからです。

人間の本性がまだ統一体で、誰もが乙女として生まれた時代のことを、エジプトの秘儀参入者は直観し、それを伝承として伝えました。すでに述べたように、イシスの古い記述によれば、イシスがホルスを育てていたとき、そのイシスの背後に禿鷹（コンドル）の翼をもった第二のイシスが立っていました。このイシスがホルスに手提げ十字を渡して、自分がこれら四つの類型がまだ別々だった時代に由来することを示唆したのです。後になって第一のイシスのアストラル本性が人間の中に入ってきたのです。第二のイシスは、かつてアストラル要素が支配的であったことを示唆しています。後に人間形態とひとつになったものが、ここでは母親の背後のアストラル形姿となって表現されているのです。この形姿のアストラル性は禿鷹の翼をもっています。しかし、エーテル体が優勢だった時代がさらにその背後に立っています。それは第三の、ライオンの頭をしたイシスとして表現されています。この三重のイシスは、以上の経過を深い直観によって私たちに示しているのです。

しかし、私たちがこの観点に立つと、別の事柄も見えてきます。すなわち、性が統一されていた時代から性の分離した時代へ到る間には、長い過渡期があったということです。単一性の生殖は、大地の中に生きる受胎素材によって生じたのですが、その時代から両性による生殖の時代に到るまでに、長い過渡期があったのです。両性による生殖が完全に始まったのは、アトランティス時代の中期になってからでした。それ以前までは過渡期が続きました。この過渡期に、意識の大きな変化が生じました。人間はこんにちの意識の働いている期間よりもはるかに長い期間にわたって、別の意識を持ち続けていました。

かつての人間は、夜、睡眠中、霊的存在として、霊的な仲間たちと共にいる自分を体験できました。睡眠中の意識はそれほど強く働いていたのに反して、昼間の意識は弱かったのです。この意識状態は後になると、肉体と結びついたときの昼間の意識が強まり、夜、物質界から離れたときの魂のいとなみが弱くなるという意識に変わったのです。

さて、この意識の進化の過程には、移行段階がありました。そのときの意識は、物質界から離れたときすでに曇っていましたが、この曇った意識状態の中で、生殖が始まりました。人間が物質界から霊界へ移った暗い意識の間に、生殖が行われ、人間は象徴的な夢を通して、そのことを感じていました。繊細な、高貴な感情で睡眠中の生殖行為を感じとったのです。その繊細で妙なる夢とは、例えば石を投げ、その石が大地に落ち、そして大地から花が咲き出るようなイメージでした。そのようなイメージが暗い意識の中に現れたのです。

この時代のことで特に興味があるのは、後の段階にすでに達していた存在たちのことです。ある存在たちは牛の段階にあり、別の存在たちはライオンの段階にあり、別の存在たちは鷲の段階にありました。その存在たちも待つことができ、物質界への完全な愛を、ずっと後になって実現しようとしたなら、人間になれたでしょう。当時、ライオンがあまりに早くから物質界に組み込まれようとしなかったなら、人間になれたでしょう。その他のそれまでに動物段階にあった存在たちにもこのことが言えます。もう一度繰り返すなら、ライオンが形成されたのは、人間的な要素が、「私はまだ低次の成分を受容したくない。私は物質界の人間になりたくない」と言ったか、または「私は下へ降りたい。進化したものになりたい」と言ったかしたのです。

ですから、二種類の本性が考えられます。ひとつはまだ上方の空気エーテルの領域に留まって、自分の中の地上的な部分でのみ大地に接していました。もうひとつは完全に大地に降りました。後者はライオンなどになったのでしょうが、前者は人間になりました。

人間たちの中でも、あまりに早くに人間になった人は、最上の人間にはなりませんでした。よりよい人間になった人は、待つことができました。長い間立ち止まり続け、意識的な生殖行為を体験するために大地に降下しようとせずに、生殖行為を夢として体験し続けました。この人たちは、いわば天国に生きていたのです。

私たちがもっとも早くから地上に降りた人たちに出会ったら、特別強力な身体を持ち、顔には粗野な表情が現れていたでしょう。一方、まず高貴な部分を形成しようとした人たちは、はるかに人間的な姿をしていたでしょう。

以上に述べたことが、伝説や祭祀の中にも見事に伝えられています。タキトゥスが述べている祭祀はよく知られています。ネルトゥスまたはヘルタという女神が、毎年、車に乗って海中に降りてきます。しかし、女神を引き上げる人たちは殺されなければなりません。ネルトゥスとは、想像で創られたファントムであり、どこかの島で祭祀が行われたはずの女神です。そのネルトゥスの場所は、リューゲンのヘルタ海にあると信じられていました。そこに車の沈んだところがある、と思われていました。奇妙なファンタジーです。ヘルタ海という名は、まったく新しい創作で、以前は、その色にちなんで黒海と呼ばれていました。ヘルタ海と呼ぶことで、女神に結びつけようなどとは、誰も思いつきませんでした。

しかしこの伝説の中には、本当に深い内容が含まれています。ネルトゥスは処女の受胎から後の人間の生殖への移行段階なのです。暗い意識の中に沈んだネルトゥスは、情熱の海の中に沈められると、そのことを繊細な象徴行為としてしか知覚しません。その行為の残照しか知覚しなかったのです。けれども、高次の人類がまだそう感じていた時代に、すでに地上に降りてきた人たちは、本来の素朴さを失ってしまいました。その人たちはすでに性行為を意識して体験することで、高次の人間意識を失った、いわば死に価する人たちでした。

太古の時代のこの出来事の記憶は、ヨーロッパの数多くの地方に祭祀となって残されました。特定の時期の「回想の祭り」の折りに、ある儀式を行いました。それはネルトゥス像の車の儀式でした。このネルトゥス像は情熱の海に沈みました。この儀式では残酷な習慣さえ保たれていました。すなわち、奉仕することが許された人たち、車を引き上げなければならなかった人たち、そこで意識して見ることができた人たちは、奴隷でなければなりません。そして祭祀の際に、この性交を見たのが死すべき人間だったことの記しとして、この奴隷たちは、殺されたのです。秘儀参入者だった祭司だけが無事に儀式に参加することが許されました。このような例を見ることで、今述べた事柄が知られていた特定の地方では、その時代にネルトゥス礼拝が行われていたことが分かります。その地方では、こういう伝説や祭祀を生じさせた意識が存在していたのです。

このように人類は多様極まる形式を通して進化を遂げ、その過程で現実の諸事実を像として表現したのです。すでに言いましたように、そういう像はアレゴリーなのではなく、現実の諸事実を表現しているのです。像は、夢の像のように現れます。オシリス伝説もまた、秘儀の弟子が人類進化の事実を本当に見ることができるようになる以前には、まず夢見られたのです。真の霊視（直観）の準備となるものは、オカルト的な意味では、象徴体験なのです。象徴は現実の経過を像として表現します。その表現が及ぼした結果については、次の講義で申し上げます。

第九講

一九〇八年九月一一日

これまで人類の進化過程を細部にわたっていろいろ取り上げてきました。太陽が地球から分離したときから月が地球から分離したときまでに、人間がどのような変化を遂げてきたか、その過程を具体的にお話ししようとしました。オカルト生理学、または解剖学に関わるそれらの事実に、なお若干の補足が必要かと思いますが、今日は以上に述べた過程を正しく理解するために、霊的生活上の別の諸事実に光を当てなければなりません。なぜなら、エジプトの神話と秘儀およびエジプト文化期全体と私たちの時代との間にどんな関係があるのかを明らかにするという、私たちの本来の課題を忘れてはならないからです。そこで、進化がさまざまな時代を通してどのような経過を辿っていくのかについて、あらかじめはっきりさせておきたいことがあります。

人体を生じさせ、育成したオシリスとイシスを中心とする太陽の霊と月の霊の働きを、ここでもう一度取り上げてみましょう。そのような太古の時代の地球は、水の地球からやっと個々に結晶化を始めたばかりでした。これまで述べたことの大部分は水の地球の中で演じられたのです。当時の人間の状態を、一度はっきりと心に思い描いてみましょう。

すでに述べたように、人体の下半身の足、膝、膝頭その他は、太陽が地球から分離した時点から、すでに物質化されていました。しかしその際、常に忘れてならないのは、こういうすべては、見ることのできる眼があってこそ初めて見ることができるということです。ところが、そういう眼はまだ存在していません。肉眼はもっとずっと後になってから生じたのです。

人間がまだ水の地球にいた頃は、もっぱら「松果体」と呼んだ器官で知覚していました。肉眼による知覚は、腰の中心が形成されたときになって初めて生じました。ですから、人体の足の部分がすでに存在していたときも、それを知覚する器官はまだ存在していなかったのです。

当時の人間は、まだ自分を見ることができませんでした。人体の物質化が下から形成されていき、腰の中心を越えたところに達したとき、初めて自分の存在を見てとる能力をもつことができたのです。人体が天秤座に到るまでに形成されたとき、初めて人間の眼が開かれました。やっと人間は対象を霞がかったようなものとして見始めたのです。対象は次第によく見えるようになっていきました。ですから、腰の中心まで人体が形成される以前は、知覚のすべて、視覚のすべてが、見霊的、アストラル＝エーテル的な直観だったのです。当時の人間は物質をまだ知覚できませんでした。なぜなら人間の意識はまだ、曖昧でぼやけた、とはいえ見霊的で夢幻的な意識だったのだからです。

次いで人間は、睡眠と覚醒が交替する意識状態に移行しました。そのときの人間は、覚醒中に物質界をおぼろに見ていましたが、その対象は霧に包まれ、光のオーラに取り巻かれているようでした。しかし、睡眠中の人間は霊界へ、神霊存在たちのところへ昇っていきました。人間の意識は、ますます弱まってきた見霊意識状態とますます明るくなってくる対象意識、現在の頭部意識の状態とを交互に繰り返していました。しかし、見霊的な知覚能力は次第に失われ、神々を睡眠中に見る能力もますます失われていきました。そして、それと同じ程度に昼の意識が明瞭度を増して、自己意識、自我感情、自我知覚がますます強くなりました。

レムリア時代、つまり地球から月が分離する以前、分離する間、分離したあとも含めたレムリア時代に眼を向けると、まず私たちは、こんにち「死」と呼ばれるものをまったく知らずにいる人間の見霊意識に出合います。実際、当時の人間が肉体から抜け出ると、それが眠りによるのであれ、死によるのであれ、肉体から出ていくと、意識が沈んでしまうのではなく、逆に高次の、より霊的な意識が生じたのです。当時の人間は、こんにちの人がいう意味で、「私は今死ぬ」とか、「私は意識を失う」とかとは決して言いませんでした。当時の人には、そんなことはありえなかったからです。人間は自分の感情を育てず、神性に抱かれた不死なる自分だけを感じていました。今日述べるすべては、当然の事実として受けとられていたのです。

次のように考えてみて下さい。

私たちは眠りにつきます。アストラル体が肉体から抜け出します。それは満月のときのことです。私たちの肉体とエーテル体はベッドに横たわり、アストラル体はその上を漂っています。満月の月の光の下でのことです。そのとき、アストラル体が漂う雲のように見霊者に見えていた、というよりは、アストラル体からさまざまな流れが肉体の中に入っていくのが見えたのです。そしてその流れは、疲労を取り除く働きをしていたのです。その働きは、肉体が昼間消耗したエネルギーを補給してくれるので、肉体は眠ったあと、元気になるのです。しかし本来、霊的な流れが月から流れてきて、そしてアストラル体の中を貫き通っているのです。実際、霊的な諸作用が月から出て、アストラル体に浸透し、アストラル体を強化して、アストラル体の働きが肉体に影響を及ぼせるようにしているのです。

私たちがレムリア時代の人間だったとしましょう。アストラル体はこの霊的な力の流れを知覚し、その流れを仰ぎ見て、こう言ったでしょう──「私に力を与え、私に作用しているのは、オシリスなのだ。オシリスの力が私に浸透しているのだ」。

夜の私たちは、オシリスの中に包まれているのです。私たちの自我は、オシリスの中に生き、そして私とオシリスは一つなのだ、と感じたでしょう。当時感じたことを言葉にするとしたら、そう言えるのです。肉体の中に戻っていくときの私たちはこう述べたでしょう――「今、私は下で自分を待っている肉体の中に降りていかなければならない。今は私の低次の本性の中に沈む時なのだ」。

そして私たちは、ふたたび肉体を去って、上昇し、オシリスまたはイシスの中に留まることのできる時を待ち望んだでしょう。私たちの自我がオシリスとふたたび一つになる時を、です。さて、肉体は下から成長を続け、身体の上部をも発達させたあとで、ますます物質界を見、周囲の対象を知覚できるようになっていきますが、そうなればなるほど、人間はますます長い時間、肉体の中に留まり、物質界への関心を深めます。ますます霊界に対する意識を暗くし、肉体での意識を明るくしつつ、霊界から離れていったのです。

こうして人間の生活はますます物質界において発達を遂げていき、死から新しい誕生までの意識は、ますます暗くなっていきました。アトランティス期になると、人間は神々の下でのあの故郷感情をますます失っていきました。そして、あの巨大な破局が終わったとき、人類の大部分はすでに、夜のあいだ霊界を見るという生来の能力を失ってしまっていたのです。

しかし、その代わり昼の意識は、外をますます鋭く見る能力を獲得しました。ですから、周囲の対象が次第にくっきりと輪郭づけられて浮かび上ってきたのです。後アトランティス期に諸文化が進歩していくあいだにも、この進歩から取り残された人びとは、見霊能力を保ち続けていました。そのことはすでにお話ししました。キリスト教が成立した頃までは、見霊能力の保持者がまだ存在していました。こんにちでも、非常に散発的にではあっても、生まれつき見霊能力を保っている人がいますが、しかしその見霊能力は、秘教の修行によって獲得できた見霊能力とはまったく違っています。

ですから、アトランティス期になると、夜の意識は次第に暗く、昼の意識は明るくなり始めました。第一後アトランティス文化期の人びとにとって、夜は意識を失った状態になりました。私たちはこれまで、この文化期の偉大さ、聖仙たちによって生じた霊性の特徴を述べようと試みてきましたが、今は同じ特徴を別の側から述べなければなりません。

聖仙たちの弟子の魂、インド文化期の人びとの魂の中に身を置いてみましょう。アトランティスの大洪水による破局が終わったすぐあとの時代の中に、です。その時代の魂の中には、古い世界の記憶がまだ生きていました。人体に働きかける神々、オシリスとイシスの働いていたあの古い世界への思い出が生きていたのです。今は、人間がこの世界から、神々のふところから離れてしまいました。以前の人間にとって、この神々の世界はすべて現実に存在していましたが、こんにちの人間にとっては、物質の世界がすべて現実に存在しているのです。神々の世界は第一後アトランティス期のインド文化期の人たちの心情の中では、思い出のように残っていました。聖仙たちは、このインド文化期の人びとの心情に訴えかけ、真実の存在について語ることができました。当時の人びとは聖仙とその弟子とが霊界を見ていたのを知っていたのです。しかしまた、インド文化期の一般の人たちは、霊界を見ることのできる時代は過ぎ去ったことも知っていたのです。

霊界の外皮にすぎない物質界に自分の存在が移されたことを知って、古代インド人の魂は太古の本来の故郷への思い出を悲しみと共に大切にしていました。ですから、この外面的な物質界から抜け出ようと願っていました。

山も谷も、雲の流れも星空の輝きさえも、真実ではないのです。そのすべては覆いであり、存在の相貌にすぎません。人びとはそう感じました。そして、それらの背後の真なる存在である神々も、真の人間の姿も、見ることができない、と感じていました。自分たちの見ているものは幻影であって、真なるものは覆い隠されているのです。

この気分は、ますます生々しく体験されるようになりました。人間は真実から生じた。だから人間は霊界の中に故郷をもっている。感覚的なものは真実ではなく、幻影である。感覚によって把握された物質界が人間を錯乱状態にしてしまった。そういう気分がますます強くなっていったのです。

霊的なものと物質的なものとの対立をこのように烈しく感じとった人は、物質界に対する関心をもたずに、秘儀参入者たちが見、聖仙たちが教えを与えた事柄に、ますます心を向けるようになっていきます。この世のきびしい現実、幻影でしかない現実から抜け出たいと願うインド人にとって、真なるものは、感覚が知覚するものなのではないのです。インド人は真なるものを感覚的知覚の背後に感じとったのです。第一後アトランティス期の人びとは、外なる物質界で生じる事柄にあまり関心を向けなかったのです。

マヌの偉大な弟子ツァラトゥストラが活躍した第二文化期、ペルシア文化期においては、すでに別の感じ方が生じました。インド文化からペルシア文化への移行を簡潔に述べるなら、ペルシア文化期の人びとは、物質界に生きることを運命の定めのようなものとしてではなく、むしろ人生の課題として感じとっていたのです。光の領域である霊界に眼を向けましたが、その眼をまた物質界へ戻しました。そしてすべてを光の力に支配されているか、闇の力に支配されているかの、いずれかだと感じました。

物質界は作業場になったのです。ペルシア人によれば、良き光の横溢であるアフラ・マズダ、またはオルムズドの神性が存在する一方で、アンラ・マンユ、またはアーリマンの支配下にある闇の力が存在するのです。人間の救済はアフラ・マズダから生じ、アーリマンからは物質界が生じます。私たちはアーリマンに由来するものを変化させなければなりません。私たちを良き神々と結びつけ、みずからが大地を作り変え、大地を改造できる存在になることによって、悪しき神アーリマンを物質の中で克服しなければならないのです。こうしてアーリマンを克服するなら、大地を善のための手段にすることができるのです。

ペルシア文化の人びとは地球（大地）を救済するための第一歩を踏み出しました。地球はいつか良き星になるのだという希望を抱いていました。地球を救済することは、至高の存在であるアフラ・マズダを讃美することになるのです。

インド人のように崇高な高みを見なくても、この物質界にしっかりと足を踏みしめながら、ペルシア人はそう感じていたのです。しかし足下に確かな大地を見出さなかったインド文化期の人びとは、そう考えることができませんでした。

第三後アトランティス期に当たるエジプト＝バビロニア＝アッシリア＝カルデア文化期になると、物質界の征服はさらに進みました。物質界を幻影と感じた太古の物質界への反感は、もはや存在しなくなりました。カルデア人は星空を見上げ、星々の輝きを幻影などではなく、神々が物質界に記した文字なのだと思いました。カルデアの祭司は星の道を辿って霊界にまで到りました。秘儀に参入して、星々に住むすべての存在のことを学んで、眼を高みへ向け、そしてこう言いました――「星空を仰ぎ見るとき、私の見ているのは、神秘直観である秘儀が私に与えてくれたものの外的な表現なのだ。秘儀の恩寵によって私は神を仰ぎ見ることができた。しかし私の見る外界のすべても、幻影であるだけではない。私はそこに神々の記す文字を見ることができる」。

こうして秘儀に参入した人は、ちょうど親しんだ友と長らく別れわかれになったあとで、手紙を受けとったときのようなのです。今、遠く離れた友の筆跡に触れるのです。今、私の前にあるこの文字を記したのは、彼の手でした。その文字から彼の心の情を読みとることができます。カルデアやエジプトの秘儀参入者はそのように感じたのです。彼は聖なる秘儀に参入しました。秘儀の神殿の中にいたときの彼は、霊眼で、地球と結びついた霊的本性たちを見ました。その彼がそのすべてを見、そして外に出たとき、そして星々の世界を見たとき、その世界を霊的存在からの手紙のように読めたのです。彼は、稲妻が光り、雷鳴がとどろくとき、神々からの手紙を読みとりました。嵐の中に神々の啓示を聴きました。神々は外に見えるすべての中でみずからを開示してくれたのです。友人からの手紙に対して感じるように、外の世界を感じたのです。四大の世界、植物、動物、山の世界、雲や星の世界を見て、そう感じたのです。すべてが神々からの書簡のように読み解かれたのです。

エジプト人は、物質界の中に法則を見出すことができました。そして、そこから幾何学、数学が生まれました。人はその法則を用いて、四大（地水火風）を支配しました。人は精神を働かせて見出した法則をもとにして、物質に精神を刻印づけることができたのです。その結果、ピラミッド、神殿、スフィンクスがつくられました。これは物質界を征服するために第三文化期が行った巨大な歩みの現れでした。そしてそれと共に、人間はまともに物質界を評価することができるようになりました。物質界は今や人間にとって大切なものになったのです。しかしそのためには、人びとの心を指導する師が必要だったのです。

それ以前にも師の存在はなくてはならぬものでした。古インド文化期の秘儀参入者にも師が必要でした。秘儀参入者にはどんな師が必要だったのでしょうか。秘儀参入者は秘儀参入の過程で、かつての人間が暗い見霊意識の中で見ることのできたものを、ふたたび見ることができるように、教えによって導かれる必要がありました。秘儀に参入する人は、かつての状態に戻って、そこで体験できた内容を他の人たちに伝えることができなければなりません。そのために、霊界へ、以前の霊的故郷へ、ふたたび昇るように導かれねばなりませんでした。そのためには、師が必要だったのです。ですから、聖仙たちの弟子も、人びとがまだ見霊能力を持っていた古レムリア期や古アトランティス期に何が生じたのかを教えてくれる師が必要だったのです。ペルシア人の場合も同じでした。

カルデア人や、特にエジプト人の場合は違っていました。もちろん弟子を教育して、霊界を見ることのできる能力を開発させることのできる師が必要でした。しかし、師は物質界の背後に何が存在するのかを教示するだけでなく、エジプトでは、新しい教え、新しい方法が求められました。古インドでは、霊界の出来事を物質界にどのように記しづけ、神々と人間の交流を計るか、ということには、あまり心を煩わしませんでしたが、エジプトの師にとっては、弟子が秘儀参入によって神々を見るだけでなく、神々が星の文字を記すためにどのように手を動かしたのか、どのように物質の形が作り上げられたのを教示することも大切だったのです。古代エジプト人はインド人を手本にして、学びの場所を用意しましたが、霊的な力が物質界とどのように交流しているのかをも、学堂の中で教示されたのです。エジプト人は新しい教材をもったのです。

インドでは、師は見霊力によって、弟子に霊的な力を授けました。エジプトではそれに加えて、物質の力で霊的な行為と通じ合える道をも教えたのです。肉体のどの部分においても、その部分がどのような霊的な働きに対応しているのかが教示されました。例えば、心臓は或る霊的な働きに対応しています。霊の働きだけでなく、霊が物質にどう働きかけているのかをも学ぶことのできる学堂の設立者は、偉大な秘儀参入者ヘルメス・トリスメギストスでした。ですから彼、「三倍偉大なトート」こそは、「物質界全体を神々の文字である」、と人びとに教示した最初の人物だったのです。このようにして私たちの後アトランティス文化は、一歩一歩その衝動を人類の進化の中に組み入れてきたのです。エジプト人にとって、ヘルメスは神から遣わされた人のように思えました。彼は人びとに、物質界での神々の行為をどのように読み解けばいいのかを教えたのです。

以上、後アトランティスの第一、第二、第三文化期の特質を取り上げました。人びとはこのようにして物質界を評価することを学んできたのです。

第四文化期のギリシア＝ラテン期になると、人びとはこれまで以上に物質界と深く結びつき、物質界の中に神々の文字を読み取るだけでなく、自分の自己を、自分の霊的な個性を物質によって表現しようとしました。ギリシア芸術のような作品は、以前には存在しません。人間が自分を彫像に組み入れること、その中に自分の自己を肉身として表現すること、それが第四文化期になって可能となったのです。

私たちは、この時代になると、人間の内なるもの、霊的なものが人間の中から出て、物質界に移され、物質の中に流れ込むのを見てとります。霊的なものと物質的なものとのこの結婚は、ギリシア神殿の中にもっとも良く見てとることができます。ギリシア神殿は、それを回顧し、観賞することのできるすべての人にとって、すばらしい作品なのです。

ギリシア建築は建築の原像を示しています。どんな芸術もどこかにその頂点をもっています。建築は古代ギリシアにその頂点をもっています。彫刻、絵画もどこかで一度頂点に達しました。建築は巨大なピラミッドにではなく、ギリシア神殿にその最高の成果を示しています。一体、どんな成果を示しているのでしょうか。

芸術的な空間感情をもっている人は、霊と物質の結婚の弱い余韻を感じとるでしょう。すなわち、水平の線と垂直の線との関係を感じとるでしょう。円柱がその上に横たわっている部分をどのように支えているのかを感じとるだけでも、一連の宇宙的真実を体験しているのです。こういう線のすべてがあらかじめ眼に見えぬ仕方で、空間内に存在している、と感じてみて下さい。ギリシアの芸術家は、いわば見霊的に円柱を見、その見たものを物質化したのです。彼は空間を生命あるものと見て取り、生きた力に貫かれていると感じたのです。この空間感情がどれほど生きいきと体験されていたかを、一体どうすれば少しでも追体験できるのでしょうか。

その弱い余韻を、古い画家たちの作品の中に見て取ることができます。たとえば、天使が空中を漂っている表現があります。私たちは天使たちが互いに支えあっていると感じます。しかし、空間感情そのものの表現は見て取れません。私はベックリンの色彩芸術を批判するつもりはまったくありませんが、その中にオカルト的な空間感情の表現を見て取ることはできないのです。彼の「嘆きの聖母」の上に漂う存在――それが天使か何か分かりませんが――、それを観る人は思わず、その存在が今にも、下の人びとの上に落ちて来るにちがいない、と思ってしまいます。

こう申し上げるのは、こんにちほとんどイメージすることのできないような事柄、例えば、ギリシア人の空間感情を取り上げようとするとき、その感情がオカルト的な性質のものだということに注意していただきたいからなのです。ギリシア神殿は、まるで空間がその空間のさまざまな線そのものから生まれたかのようなのです。ですから、見霊的なギリシア人の見ていた神々は、自分のために建てられた神殿に降臨して、実際にその内部で居心地良さを感じたのです。パラス・アテナ、ゼウスその他の神々は本当に神殿の中におられて、その神殿をみずからの物質体に代わるものとしておられたのです。ギリシアの神々は、エーテル体にまで受肉できたので、ギリシア神殿を物質界での実際の宮居としていたのです。神殿は神々の肉体に、神々のエーテル体が居心地良さを感じる肉体になることができたのです。

ギリシア神殿が理解できると、その神殿とゴシック聖堂との本質的な違いにも気づかされます。ゴシック建築を批判するつもりはまったくありません。ゴシック聖堂も崇高な芸術作品です。しかし本質を見通す人は、たとえ一人だけでそこにおり、自分以外には誰もあたりにいないときでも、神殿は十全なる存在として、そこに立っています。そこに誰もいなくも、ギリシア神殿は完全な存在なのです。そのときも、神殿は魂をもち、空虚ではないのです。なぜなら、神がその中におられるのですから。神の宮居なのですから。

けれどもゴシック聖堂は、その中に祈りを捧げる信者がいなかったら、不完全なままです。ゴシック聖堂を理解する人は、願いをもってその中に入っていく大勢の信者がいないで、聖堂だけがそこに立っているところなど考えることができません。すべてのゴシック形式、ゴシック装飾は、信者たちのためにあるのです。ゴシック聖堂の場合、信者たちの祈りがそこになければ、神が降臨することはありません。祈る信者たちが集まるとき初めて、聖堂は神的なものに充たされるのです。このことを「聖堂」という言葉そのものが示唆しています。ドーム(Dom)はドイツ精神、民族性などのトゥム(tum)と類似していて、常に何か集合体を意味しており、ドゥーマ(Duma)となると、集会、議会を意味するのです。

ギリシア神殿は信者たちの家ではありません。神御自身の住う家として造られています。ですから、そばに人がいなくても完全なのです。しかし、ゴシック聖堂では、信者の群れが堂内に充ち、日の光が多彩なステンド・グラスを通して敬虔な信者たちに輝き、内部空間がこまかな埃の中で多彩に浮かび上がるとき、そのとき初めて人びとはその空間の中で満足を感じるのです。ですから、しばしば説教者は聖堂の説教壇からこう語るのです――「光が多彩な色に分かれるように、霊の光、神の力が多くの人の魂、物質界の多くの力に分かれて輝くのです」。

人間の心と霊的な働きとが一つに融合するとき、聖堂は完全なものになる、としばしば説教者は語りました。

偉大な神殿建築の場合と同じことが、ギリシア人のすべての芸術についても言えます。ギリシア彫刻の大理石はまるで生きているようです。ギリシア人は、自分が霊的に体験したものを物質の中に表現したのです。ギリシア人の場合、霊的なものと物質的なものとが一つに結ばれていたのです。

しかし、ローマ人は物質界の征服をさらに一歩先へ進めました。ギリシア人は魂的＝霊的なものを芸術作品として表現することができました。けれども、自分をまだポリスという都市国家全体の一員にすぎないと感じていました。まだ自分を自立した個人とは感じていませんでした。以前の諸文化においても、そうでした。エジプト人は自分を個人であるとは感じないで、エジプト人として、民族の一員として感じていました。ギリシア人も自分を一個の人間であると感じることに価値をおかず、スパルタ人であること、アテネ人であることが最高の誇りだったのです。個人であること、自分が世界の中で何者かであること、それはローマ精神によって初めて感じ取られたのです。

個人がそれ自身で何者かである、ということは、ローマ人にとって初めて真実となったのです。ですから、ローマ人は「市民」という概念を発明し、「市民」であることの基礎である法律を制定したのです。法をローマの発明である、と言うのは正しいことなのです。この事実を知らないこんにちの法律家は、この意味での法がそれ以前にもあった、という無趣味な主張をしています。古代東方にハムラビのような法の創造者たちがいる、と語るのはナンセンスです。ローマ以前にあったのは、法の命令ではなく、神の命令だったのです。法律学を客観的に、公正に語ろうとするのなら、こういう区別を厳しく立てなければなりません。市民という概念は、古代ローマにおいて初めて実際に感じとられたのです。そして初めて市民が、自分自身の個性によって、霊的なものを物質界に持ち込んだのです。

このような古代ローマにおいて初めて、遺言が発明されました。個人の意志が自分の所有物、財産について、死を超えても通用しうるほどに強くなったのです。いま初めて、個々の人格が基準になりました。いま初めて人間は、自分の個性の中で、霊的なものを物質界にまで持ち込んだのです。このことは、進化の最も物質化された地点で生じたのです。

人間はインド文化において、最も高い地点に立っていました。インド人はまだ霊的な高みに、最高の地点に漂っていました。第二のペルシア文化における人間は、すでに下降し、第三のエジプト文化においては、さらに下降しました。第四文化における人間は、完全に物質界に降り立ちました。そこは人間が分かれ道に立つ地点でした。もっともっと深みへ降りていくか、それともふたたび上昇するのか。霊界へ戻る可能性をすでにこの地点で見出そうとするのか。

しかし、上昇を可能にするためには、ひとつの霊的な衝動が物質界に来なければなりませんでした。人間を霊界へ立ち戻らせることができるほどに強力な衝動が、です。この強力な衝動は、イエス・キリストの地上降臨によって人間に与えられました。神的＝霊的なキリストは、人間たちと一緒に過ごすために、物質界で物質体として生きなければなりません。人間がまったく物質界に存在するようになった今、神はその人間のところに降りてきて、霊界への道をふたたび見出せるように、人間を導かなければなりません。このことは、それ以前には不可能なことでした。

今日、私たちは後アトランティス期の諸文化の発展を辿り、そのもっとも深い地点にまで到りました。そして、霊的な衝動がキリストによって、このもっとも深い地点において生じたことを見ました。今、人間はキリスト原則に貫かれ、霊化されて、ふたたび上昇の道を辿るべきなのです。そこで私たちはこれから、例えば、エジプト文化が私たちの時代に、しかもキリスト原則に貫かれて、どのようにふたたび立ち現れるのかを、次に見ようと思います。

第十講

一九〇八年九月一二日

古代エジプトの神話、伝承の中には、神智学上よく知られていながら、外的、歴史的な伝統の中では取り上げられることのない事柄が数多くあります。そういう神話のいくつかは、ギリシア化されたかたちで伝えられています。実際、ゼウス系に属さないギリシア神話の大部分は、エジプトの秘儀に由来するものなのです。今日は、現代の文化史家がギリシア神話に属しているとは考えていない伝説をいくつか取り上げてみようと思います。

なぜ私たちは、人類の進化の霊的な側面に眼を向けようとするのでしょうか。物質界で生じるすべては、常に物質界での出来事なのですが、なぜ私たちは、物質界に生じる事柄だけではなく、霊界に生じるすべてにも関心をもとうとするのでしょうか。

私たちは、神智学の講義の中で、死から新しい誕生までのあいだに演じられる事柄についても学んできました。死後、カマロカと呼ばれる意識状態に移っていくときの人間は、霊的な存在になっていますが、まだアストラル体にしっかり捉えられて、まだ物質界から何かを求めようとしています。そして、もはや物質界にいないことに欠乏感をもち、そのことに苦しんでいます。次いで人間は、デヴァハンの意識状態に到るための準備期に入ります。もはや直接、物質界での印象に関わることのない新しい生活に入るための準備期に、です。一体、カマロカの生活とデヴァハンの生活とでは、どこがどう違うのでしょうか。二つの例を取り上げて考えてみましょう。

死者は死後、ただちに欲望や願望を失うのではありません。誰かが美食家で、おいしいものが大好きだったとします。そういう人が死ぬと、おいしいものを味わいたいという欲求はすぐには消えません。こういう欲求は肉体にではなく、アストラル体にあるからです。死後もアストラル体を保っているので、欲求も失われずにいるのです。しかし死後は、この欲求を充たしてくれる肉体という組織がありません。食べたいという欲求は肉体ではなく、アストラル体に依存しているので、生前はよく充たすことができた同じ欲望が死者の心を衝き動かすと、死者は苦しまなくてはならない。身体器官がなければ満足させられないすべてが死者の心を苦しめるのです。そして、その苦しみの続く限り、カマロカの中から出られないのです。身体器官に依存したこういう欲求がもはや生じなくなると、デヴァハンへ赴くことができます。

物質界での欲望に拘束されなくなった死者は、デヴァハン界意識を持ち始めます。デヴァハン界がますます明るくなります。けれども死者の自我意識は、まだこの世におけるようには働けません。デヴァハン界での死者は、まだ独立していないのです。霊界全体の一器官、一分肢のように自分を感じているのです。手が自分を感じとれたら、生体の一部分であると感じるであろうように、死者はデヴァハン意識の中で、自分は霊界の、そしてまた霊的存在たちの一分肢なのだ、と感じているのです。

しかし今、死者は独立し始めます。そのときにも宇宙への働きかけを共にし、霊界から地上の生命界に働きかけていますが、自分の判断によってではなく、霊界の一分肢として、万物への働きかけを霊界の存在たちと共にしているのです。

死者の体験をこのように述べるとき、デヴァハン界の諸事象がいつも変わらずにいるのだとは思わないで下さい。人はそう考えがちですが、この地上界の万物が流転するように、死後の世界のすべてもまた変化するのです。

デヴァハン界の事情を不変なもののように述べるとしたら、それはデヴァハンのその時々の状態を述べているにすぎません。私たちの魂がエジプト文化期に受肉していたら、どうだったかを思い出して下さい。当時の私たちは、巨大なピラミッドその他の大建造物を見ていました。かつては、物質界の様子が今とはまったく違っていました。地球の顔は、当時からまったく変化してしまいました。例えば、数千年前のヨーロッパには、まったく別の動物たちがいたのです。このことは唯物的な科学によっても、跡づけることができます。ヨーロッパはまったく別の顔を示していたのです。地球の顔は絶えず変わるので、人間は繰り返して新しい状況に適応して生きていかなければなりません。

このことは誰の眼にも明らかですが、霊界の状況を考えるときには、紀元前一千年に死んだ人の霊界に生じた事柄は、こんにち生まれ、そして死んでいく人の場合に生じる事柄と同じだ、と思いがちです。

しかし、物質界が変化するのとまったく同じように、霊界も状況が変わるのです。ギリシア人またはエジプト人がデヴァハン界に参入するときは、こんにちとは事情がまったく違っていました。その場合も、進化の過程にあったのです。もちろん私たちは今、デヴァハン界の現在の状況を述べています。しかし、状況は変化したのです。先回までの講義でお話ししたことを思い返していただければ、このことが理解できるでしょう。

さらに時代を遡って、アトランティス時代にまで到ったとき、人間は霊界により近い生き方をし、睡眠中霊界と交流していました。そしてさらに過去を遡っていくと、人間はそもそも霊界の中で生きていたのです。太古の時代には、眠りと死の違いもそれほど大きいものではありませんでした。太古の人間の眠りは、こんにちの地上の人生から次の地上の人生へ到る期間に相当するほどの長さだったのです。

物質界に降下したことによって、人間はますます物質界の中に深く組み込まれました。インド人がどのように高次の世界を仰ぎ見たか、ペルシア人がどのように物質界を征服しようとしたか、すでにお話ししました。こうして人間はますます地上に深く組み込まれました。そして、精神と物質、霊界と物質界の間の結婚がギリシア＝ラテン期に生じました。人間は、このギリシア＝ラテン期の中葉に到った頃、ますます物質界を愛するようになり、物質界への関心を深めました。しかしそれと共に、死から新しい誕生までのすべての体験も変化したのです。

後アトランティス期の初期にまで遡ると、人びとは物質界への関心をあまり持っていません。当時の秘儀参入者たちは高次の世界、デヴァハン界に参入したときの体験を他の人たちに伝えました。すべての思考、すべての感覚をもって真実の世界である本来の故郷へ通じた人は、もはや物質界の状況に心を煩わせることがなかったのです。

しかし、あまり物質界と結びつくことなく、デヴァハン界に昇っていった人たちは、デヴァハンでも比較的明るい意識を保っていました。しかし、そういう人がペルシア期にふたたび受肉したときには、物質界ともっと深い結びつきを感じ、それと共にデヴァハンでの明るい意識を失ったのです。そしてエジプト＝カルデア時代になって、外なる物質界をさらに深く愛し始めた人は、デヴァハン界について、すでに非常に暗い、影のような意識しか持てなくなっていました。この霊界意識は、その在りようからすれば、物質界の意識よりもずっと高次のものでしたが、明るさからすれば、ギリシア＝ラテン期に到るまで、ますます暗く、沈んでいったのです。ギリシア＝ラテン期になると、デヴァハン意識はますます暗く、影のようになっていきます。夢意識ではありませんから、そこに注意を向けることはできました。まだ意識的にデヴァハン界に向き合うことができました。しかしその意識は、進化の過程で、ますます暗くなっていったのです。

秘儀は、影のような霊界意識をふたたび明るいものにするために存在したのです。秘儀も秘儀参入者も存在しなかったと考えてみて下さい。そうしたら人間は霊界において、ますます暗い、影のような意識しか持てなくなってしまうでしょう。デヴァハン界における意識の暗黒化と並行して、秘儀参入が生じたことによってのみ、そして霊界を明るい意識で見る能力を獲得した秘儀参入者たちが神話、伝承として、その見た体験内容を語ることができたことによってのみ、死から新しい誕生までの間のデヴァハン意識をより明るく浮き立たせることができるのです。

けれども、すでに物質界の中に深く埋没してしまった人びとは、霊界におけるこの意識の暗さをはっきり感じていました。ですから、エレウシス秘儀の参入者はまったく特別の経験をしたのです。人間がすでにこの世で霊界でのいとなみを経験することができる、ということが秘儀参入の原則なのですが、当時の秘儀参入者は、霊界を影として経験したのです。「おお、影の国の王であるよりは、物質界での乞食でいたい」、というホメロスの言葉は、本当に当時の秘儀参入者の言葉だったのです。

秘儀参入者の経験から出たこの言葉を、どんなに深刻に捉えても十分とは言えないくらいです。私たちは霊界の諸事象の変化を知ったとき初めて、こういう言葉を理解することができるのです。

ここで昨日、抽象的に述べたことを、より具体的な仕方で述べてみましょう。

人間が物質界にひたすら下降していったなら、死から新しい誕生までの意識をますます暗くしていって、最後には霊界との結びつきを完全に失ってしまうでしょう。多少なりとも心が唯物論に冒されている人は、奇妙なことだと思うでしょうが、これからお話しすることは、真実なのです。――つまり、人類の進化の過程で今、何も生じなかったなら、人類は霊的に死に陥ってしまうでしょう。しかし、死から新しい誕生までの間の意識を明るくするひとつの可能性が存在しているのです。この意識の明るさは秘儀参入によっても獲得できますが、キリストの出現によって、すでにこの世ですべての人に与えられる可能性なのです。すなわち、人間がその永遠なる核心部分において、霊界と結びつく体験を持つことができるように、キリストが配慮してくれたのです。キリスト以前の秘儀参入者も、そのための配慮をしていました。その意味でキリスト以前のすべての秘儀参入者はキリストの先駆者として、キリストの出現を示唆しているのだと言えます。

ここでキリストのことを一度も聞いたことのない人のことを考えてみましょう。その人は当然、ヨハネ福音書の秘密に触れる機会がないのですから、「私はこの世に生きたキリストに従った生き方をしたい、私はキリストの原則をしっかりと受けとめたい」、とは言えなかったでしょう。

キリストがそういう人に近づくことがなかった、と考えてみて下さい。そうしたら、意識を暗くならなくしたいと思っている人がこんにち、担うべき宝をもって霊界へ赴くこともできなくなってしまいます。人間が心に抱くキリストのイメージというのは、死後の意識を明るくする力のことなのです。その力は、キリストが現れなかったなら持ったであろう運命から人間を救ってくれる力なのです。キリストが現れなかったなら、人間の本性は存在し続けたけれども、意識が死後明るくなることは、できなかったでしょう。キリスト出現の本来の意味は、広範囲な意味をもつ何かを人間の本質部分に組み込むことにあるのです。ゴルゴタの出来事は、人間が自分の本質をこの出来事と一致させることができたとしたら、その人間を霊的な死から守ってくれている出来事なのです。

この点が他の偉大な人類の指導者たちとの違いです。とはいえ、キリスト教の排他的な教義を振りかざすつもりはありません。そんなことをしたら、真のキリスト教に反することになってしまいます。なぜなら事実を知っている者は、教義なら、古代秘儀の中でもキリスト教と同じ教義が教えられていたことを知っているからです。アウグスティヌスの次の言葉は、深い真実を表わしています——「こんにちキリスト教と呼ばれているものは、すでに古代人の中にもあった。人類の発端から、キリストが肉身として出現されるまで、欠けてはいなかった。キリストの降臨以来、すでに存在していた真の宗教がキリスト教と呼ばれるようになったのである」。

そう呼ばれているかどうかではなく、キリスト衝動の意味をどこまで理解するのかが問題なのです。キリストの姿は、人類の進化のもっとも低い地点で出現しました。仏陀、ヘルメスその他の偉大な存在たちの場合も、キリストが来るであろう、すでにキリストが自分の中に生きている、という預言者的な意識をもっていたのです。

特に仏陀の姿を研究するとき、このことが見えてきます。仏陀とはどんな存在だったのでしょうか。ここで私たちは、神智学の弟子たちの下でのみ語りうる事柄に触れなければなりません。人間は、神智学徒も、生まれ変わることの秘密を通常あまりにも簡単に考えてしまっています。こんにち三つの体の中に受肉している魂が以前の受肉中に現れており、さらにそれ以前の受肉の中にも同じように現れていた、と簡単に考えてはなりません。

転生の秘密はもっとはるかに複雑です。この秘密がどんなに複雑であるか、ヘレナ・ブラヴァツキーが親しい弟子たちに説明しようといろいろ努力したにもかかわらず、このことが今でもまだ十分に理解されておらず、ある魂が繰り返して身体に宿る、と簡単に考えられています。しかし、そんなに簡単ではないのです。ある歴史上の人物を正しく理解しようと思うなら、図式の中に組み入れてはなりません。はるかに複雑な仕方で事を始めなければならないのです。

アトランティス期にまで遡ると、すでに人間の周囲に、こんにちの隣人のように霊的存在たちがいました。この存在たちは、人間が身体から離脱したときに霊界の中で、見たり知り合ったりした存在たちでした。当時の人間は、この世で、トール、ゼウス、ヴォータン、バルドゥールに実際の仲間として知り合っていたのです。このことはすでに申し上げました。昼は物質界で生きていましたが、別の意識状態においては人間と同じ進化過程を通過したのではない霊的存在たちと知り合いました。

地球紀の太古の人間はこんにちのような濃縮したからだをもっていませんでした。骨格はまだありません。アトランティス期のからだは、ある程度まで眼で見ることができました。エーテル体にまでしか受肉していないし、空気がまだ水のように濃い霧に浸透されていた当時の肉体に受肉する存在たちもいました。人間がまだ水のように濃い霧の大気の中で生きていたのですが、そういう肉体に受肉する霊的存在たちもいたのです。例えば、ヴォータンがそうでした。彼はこう言ったのです――「人間がこの光の流動する物質の中で受肉するのであれば、私もそうすることができる」。

こういう存在が人間の姿をとって、物質界の中で歩き廻っていたのです。しかし、大地がますます濃縮していき、人間もますます濃縮した形態をとるようになったとき、ヴォータンはこう言いました――「いや、私はこの濃縮した物質の中には入っていかない」。

こうしてヴォータンは不可視の、地上から離れた世界に留まったのです。当時の神的、霊的な存在たちはこんな状態にあったのです。

この存在たちは、このようにして、下から進化してきて、この存在たちに出会った人間たちと一種の結びつきをもつことができました。人間の進化の過程は、進化のもっとも低い地点に達していました。神々は人間がこの地点に来るまで、人間と共同で働いていました。しかしそれから、神々は地上の人間には不可視の、別の道を辿りました。しかし、秘儀参入者の導きに従って生き、エーテル体とアストラル体を浄化した人びとは、その神々と出会い、肉体にまで降りてこなかった神的存在の影に包まれることができました。すでに肉体があまりに粗野になってしまっていたので、神的存在はこういう人びとのアストラル体とエーテル体に浸透したのです。この神的存在は人間の姿をとっていなかったのですが、別の人間の中に入り、その人間を通して語ることができたのです。

こういう在りようを知ったなら、受肉をそう簡単には考えられなくなります。人間の中には、以前、すでに高次の発展を遂げて、三つの体を浄化し、高次の本性のうつわになれた人もいました。仏陀はヴォータンのうつわになりました。ゲルマン神話のヴォータンと同一の神的本性が仏陀となってふたたび現れたのです。仏陀とヴォータンは、言葉の響きも似ていますが、アトランティス期の秘密の多くが、仏陀の教えの中に現れているのです。ですから、仏陀の体験はあの霊的諸領界で神々が体験したことと同じなのです。人びともまた、まだその諸領界にいたとき、同じ体験をしていたのです。ですから、ヴォータンの教えがふたたび現れたとき、その教えは物質界をあまり顧慮せず、物質界は苦しみの場であり、そこから救済されることが大事なのだと述べられたのです。

実際、ヴォータンの本性の多くが仏陀を通して語られたので、アトランティス文化を保ち続けてきた人たちは、仏陀の教えを深く理解することができたのです。アジアの住民たちの中には、アトランティスの文化段階に留まり続けた人たちが残っていました。もちろんその人たちは、外から見ると、地球紀の進化を共にしていましたが、そういう蒙古系の諸民族の中には、アトランティス文化の多くが残っていたのです。この諸民族はアトランティスの住民の生き残りであり、この住民の変わることのない特徴は、アトランティスからの遺産を保ち続けたことなのです。ですから仏陀の教えは、特にこの諸民族に役立っており、この諸民族の下で大きな発展を遂げたのです。

世界は、その歩みを進めていきます。世界のその進歩を洞察できる人は、選んだりしません。あれやこれやにより興味をもっている、とは言いません。ある民族がどんな宗教をもっているかは、霊的な必然性だからです。ヨーロッパ民族は、物質界にはまり込んでしまったことによって、仏教に感情移入すること、仏陀の教えの内奥に自分を一致させることが不可能になっています。ですから、仏教が人類宗教になることは、決してできませんでした。大切なのは、共感、反感をもつことではなく、事実に従った判断をすることなのです。他にも多くの蒙古系民族が住んでいるアジアの中心部からキリスト教を普及させることが誤りであるように、ヨーロッパの居住民に仏教を普及させることも誤りです。その時代時代の内的要求に応じていない限り、どんな宗教観も正しくありません。文化衝動を生じさせることができないからです。事柄の関連を正しく理解するには、このことが分かっていなければなりません。

しかし、私たちは仏陀を歴史的な事実として、すべて知っているわけではありません。この点を論じるだけでも、数時間以上が必要なくらいです。私たちは仏陀という歴史的事実の複雑さをまだ十分に汲み尽くしたわけではないのです。仏陀の中には、まだ知られていないものが生きていました。アトランティス時代に由来する本性が人間としての仏陀の中に受肉していただけでなく、別の本性も仏陀の中に生きていたのです。それはキリストという本性です。仏陀はこの本性について、こう述べることができました――「私はそれをまだ取り込んではいない。

この本性は私の心を充たしてくれるが、私はそれに関与しているにすぎない」。キリストの本性は、仏陀だけなく、偉大な預言者たちの心をも充たしていました。この本性は古い秘儀においてはよく知られていました。古い秘儀は、やがて来るであろうこの本性のことを示唆していたのです。

そして、その本性は来たのです。歴史の根底に存する必然に従うために、再来したのです。この本性は肉体に直ちに受肉できなかったのですが、一種の潜在意識の中に受肉することができました。とはいえ、地上を放浪しながら、肉体とエーテル体とアストラル体を特別に用意することのできた人の中にのみ、受肉することができました。キリストは最大限の作用力を持っていましたが、人間の肉体とエーテル体とアストラル体があらかじめ完全に浄化されたときにのみ、受肉することができたのです。

ですから、特別高度に進化を遂げた本性が登場したような場合にのみ、キリストの受肉は生じることができたのです。そのような本性がナザレのイエスでした。この人物は非常に進化を遂げており、この世で肉体とエーテル体とアストラル体を浄化して、三〇歳でこの三つの体を離れました。そしてそれらの体は、別のより高次の存在のためにさらに生かされたのです。

これまでこのことをお話ししたとき、つまりイエスが自分の三つの体をキリストの犠牲に供するには、非常に高度の進化を遂げる必要があった、と述べたとき、しばしば非常に注目すべき反論を受けました――「しかしそれがどうして犠牲なのか。それ以上にすばらしいことはないのではないのか。高次の本性に自分の三つの体を提供できるというのなら、犠牲ではなく、至福なのではないのか」。

実際、このことはすばらしいことですし、抽象的に考えれば、大きな犠牲だとは言えません。けれども、こういう答え方もできるのです――「では、あなたもやってみますか。誰だって犠牲になろうとすることはできるはずだから、やってみてはどうですか」。

自分の三つの体を浄化して、それらを生かしたままそこから離れるには、途方もないエネルギーが必要なのです。そして、そのようなエネルギーを獲得するには、大変な犠牲が必要なのです。ナザレのイエスは、それができたのですから、非常に高い個性であったに違いありません。いつイエスが自分の肉体、エーテル体、アストラル体から離れて、霊界へ入り、そしてキリストの本性がその三重の身体の中に入ったのか、ヨハネ福音書がそのことを示しています。

それはヨルダン川でのイエスの洗礼のとき生じたのです。そのとき、イエスの身に非常に重要なことが生じたのです。今申し上げることも、唯物主義的な人の心情を逆なですることでしょうが、ナザレのイエスの肉体の中にも、特別のことが生じたのです。キリストがイエスの中に入った洗礼の瞬間に何が生じたのかを理解しようとするなら、ひとつのことを心に思い浮かべなければなりません。このことはどんなに奇異に思えようとも、真実なのですから。

人類の進化の過程で、個々の器官が下から次第に育成され、発達を遂げました。すでに述べたように、諸器官が腰の中心にまで到ったとき、人体の中に個的な構造・機能が現れました。人間の個性がますます独立するにつれて、骨格も硬化しました。人間が自立するにつれて、骨格も硬くなったのですが、死の力もますます増大しました。

以下のことを正しく理解するには、この点に注意を向けなければならないのです。人間が死ぬということ、身体が崩壊するということは一体、何によるのでしょうか。人体の中の骨が燃えてしまうことによるのです。火が人間の骨の成分にも力を及ぼすのです。人間は自分の骨に対してどんな力も、少くともどんな意識的な力も及ぼせませんから、そのような力とは人間の能力を超えている力のことです。ヨルダン川の洗礼でキリストがイエスのからだの中に入った瞬間に、イエスの骨格が他の人間の骨格とはまったく違ったものになりました。そのような場合は、それまでにも、そのあとも、こんにちに到るまで、まったく生じませんでした。キリストの本性と共に、イエスの本性の中に、骨を燃焼する力を支配する力をもった何かが入ってきたのです。

今のところ、人間はまだ骨を自由に形成することはできません。しかし、このキリストの力は骨の中にまで働きます。キリスト本性の意識的な力は、骨にまで働きかけるのです。このことはヨハネによる洗礼の意味に属することです。死に打ち克つ力と呼べるものが、このとき地球の中に移し入れられたのです。なぜなら、死は骨と共にこの世に入ってきたものなのですから。骨を支配する力が人体の中に入ってきたことによって、死を克服する力がこの世に入ってきたのです。このことは、ひとつの極めて深い秘儀を物語っています。すなわち、ひとつの極めて聖なるものが、ナザレのイエスの骨格の中にキリストを通して入ってきたのです。ですから骨は、みだりに触れてはならない部分なのです。「お前たちは彼の骨を傷《いた》めてはならない」、という聖書の言葉が実現されなければならなかったのです。

骨を通して人間の力が神の力に干渉してはならないのです。このことの中に、人類進化のまったく深い秘儀が現れているのです。

そしてこのことと共に、同時に秘教的キリスト教の非常に重要な概念に出合います。このキリスト教が至高の真実に充たされていることを教えてくれる概念です。それまでイエスの自我本性が存在していた三つの体にキリスト本性が入ったことによって、それまで太陽を居住地としていたキリストの本性が地球と結びついたのです。

太陽が地球から分離したときまで、この本性は地球と結びついていましたが、分離したとき、キリストは太陽と共に地球から離れ、自分の力を外から地球に作用させるようになりました。そして洗礼の瞬間に、まったき意味でふたたび地球とひとつに結びついたのです。それまでのキリストは、外から働きかけ、預言者たちを影で覆い、秘儀の中で働きかけていましたが、今、キリストは地上の人体の中に受肉したのです。

もしもある存在が宇宙の遥か遠いところから数千年の間こちらを見下ろしていたとしたら、物質としての地球を見ただけでなく、地球の霊的な流れ、地球のアストラル体とエーテル体をも見、ヨルダン川での洗礼の瞬間やゴルゴタでのキリスト受難の瞬間における重要な諸経過を霊的に見たことでしょう。地球のアストラル体はそのとき、根本的に変化したのです。地球のアストラル体はこの瞬間に別のものを受容して、別の色彩を帯びたのです。地球に新しい力が組み込まれました。それまで外から働きかけてきたものが地球とふたたび結びついたのです。そしてそれによって、太陽と地球の間の引力が強まったので、太陽と地球はやがてふたたびひとつに結びつき、人間と太陽の霊たちもやがてひとつに結びつくようになるでしょう。地球がふたたび太陽とひとつになって、人間が神性に抱かれるようになる可能性を与えたのは、キリストだったのです。

これがキリストによって遂行された経過の意味だったのです。キリストと共にどんなに意味深いものが地球に入ってきたかを理解するために、以上のことをあらかじめ先に申し上げなければなりませんでした。このことから理解できるのは、キリストとひとつに結ばれることを通して、人間意識が死後、ふたたび明るくなった、ということです。このことを考えるなら、死から新しい誕生までの間にも、進化が生じていることが分かるでしょう。それでは一体、何のためにこういうすべてが生じたのでしょうか。

はじめ人間は、神性に抱かれて生きていました。次いで物質界に降りてきました。もしも人間が天上に留まり続けたなら、決して今ある自己意識を獲得して、自我を所有することはなかったでしょう。人間は肉体の中でのみ、明るい自己意識を発達させることができたので、外なる諸対象が人間に向かってこなければならず、諸対象を区別できなければなりませんでした。意識を発達させるには、物質界に降りてこなければならなかった。人間が地上に降りたのは、もっぱら人間自我のためだったのです。そして人間は、自我ゆえに、神々の子なのです。自我は霊界から降りてきました。その自我を明るく冴えさせるために、自我は肉体に即して鍛えられました。人体の硬化した素材こそが人間に自己意識的な自我を育てたのです。この素材こそが人間に認識する力を与えたのです。そのようにして人間は、大地で、岩石で鍛えられたのです。

人間は自我を獲得する以前に、すでに肉体とエーテル体とアストラル体を獲得していましたが、この三つの体の中で自我が次第に発達したとき、自我はこの三つの体を作り変え、肉体に対しては、自我とアストラル体とエーテル体が共に働きかけていたのです。現在の肉体がこのようであるのは、エーテル体とアストラル体と自我が肉体に働きかけてきたことによるのです。肉体のすべての器官は、高次の体と発達を共にしてきました。発達を共にできずに停滞した本性たちは、さまざまな動物形態に、例えばアストラル体が優勢になることで、鳥になりました。

自我がますます自己意識的になったことによって、アストラル体も変化しました。すでに述べたように、人間は個別化されました。黙示録の獣は、あれこれの高次の分肢が優勢になっている人間の諸類型を示しています。自我が優位を占めているのは、人間型の人間の場合です。その場合、すべての器官は人間の高次の分肢に適応しています。自我がアストラル体の中に入って、アストラル体にまったく浸透したとき、人間の中に、そして後に分かれた獣の中に、一定の器官が形成されました。例えば、特定の器官は、そもそも自我が地上に入ってきたことに由来するのです。月紀では、自我は人間本性とは結びついていませんでした。胆汁や肝臓のような器官は、この進化と関連しています。胆汁はアストラル体の肉体上のあらわれです。それは自我とは結びついていません。しかし、自我がそのアストラル体に作用しています。そういうアストラル体からの力が胆汁に作用しているのです。

このようにして私たちは今、秘儀参入者がエジプト人に説明した諸形象を全体として関連づけることができます。――自我意識的な人間は、地球体に拘束されています。岩石に拘束された人間を思い描いて下さい。つまり肉体に拘束された人間を、です。そのとき進化の過程で、何かが生じました。人間の不死を蝕む何かが、です。肝臓を生じさせた働きを考えてみて下さい。その働きは、身体が地球の岩石につながれたことによって生じました。その働きをアストラル体が蝕んでいるのです。

このことがエジプトでは、形象として教えられました。そしてギリシアに移されて、プロメテウスの説話になりました。こういう神話を粗雑に扱ってはなりません。こういうイメージから、蝶から鱗粉を奪い取るようなことがあってはなりません。鱗粉は翅《はね》に残しておくべきで、露《つゆ》は花に残しておくべきなのです。こういうイメージは引っぱったり、痛めつけたりしてはなりません。プロメテウスはこれこれしかじかの意味をもつ、などと言ってはならないのです。真のオカルト的事実に即するように試みなければなりません。そしてオカルト的事実から人間の意識の中に入ってきたイメージを、正しく受けとろうと試みなければなりません。

エジプトの秘儀参入者は、人間の自我の進化を理解できる段階にまで弟子を導きました。このイメージも、弟子の霊性（自我）を育成してくれます。弟子はその際、粗野な態度で臨むのではなく、明るく、生きいきとしたイメージを持てなければならないのです。

エジプトの秘儀参入者はまた、陳腐な乾燥した概念で真実を枠づけようとしたりはしません。自分が与える事柄をイメージとして描くのです。プロメテウスの説話の場合、詩的表現によって内容を美化したり、歪めたりしましたが、私たちはもはやオカルト的事実以外のことを持ち込んだりすべきではありません。

ここで別の事柄にも触れておきましょう。地上に到ったときの人間は、まだ自我をもっていませんでした。自我がアストラル体の中に組み込まれる以前は、別の力がアストラル体を占有していたのです。自我が光の流れるアストラル体に浸透する以前は、神的＝霊的存在たちがアストラル体に外から力を送り込んでいたのです。そのアストラル体は神的＝霊的な存在たちの熱に貫かれて、純粋で明るく、肉体とエーテル体の基本形態を包み、そして浸透していました。しかし、自我の出現と共に、利己主義が入ってきて、アストラル体を暗いものにしてしまったので、アストラル体の純粋な黄金の流れが失われていきました。そしてギリシア＝ラテン期には、人間は物質界のもっとも低い地点にまで落ちたのです。

そこで、アストラル体の純粋な流れをふたたび取り戻そうとして、「アストラル体の根源的な純粋さの探求」がエレウシス秘儀の中に生じました。エレウシス秘儀は、アストラル体の根源的な、清らかな流れを取り戻そうとしました。エジプト人も同じことを望みました。アストラル体の黄金の流れの探求はエジプトの秘儀参入の課題のひとつでした。そしてこのことがこんにち、イアソンらアルゴナウタイ（アルゴ船乗組員）による金羊毛探求のすばらしい説話となって残されているのです。

以上、私たちは進化の跡を見てきました。下部の諸器官がまだ小舟の形態をとっていたときのアストラル体は、水の地球の中で、まだ黄金の輝きを保っていました。水の地球の中を生きる人間は、黄金に輝くアストラル体をもっていたのです。このアストラル体をふたたび得ようとする探求が、アルゴ船の物語となっているのです。金羊毛の探求は精妙な深遠な物語の中で、エジプト神話と結びついています。そこでは外的、歴史的な事実が霊的な事実と結びついています。決して単なる象徴なのではないのです。アルゴ船乗組員の遠征は、トロイア戦争と同じく、実際に生じた出来事なのです。外なる経過が内なる経過の相貌となっているのです。すべては歴史的経過にもとづいているのです。ギリシアの秘儀参入を志す人たちの心の中に、繰り返して歴史的事実が映し出されています。そのように金羊毛の探求もまた、純粋なアストラル体への思い出として映し出されていたのです。

以上が今日、私たちが魂の前に提示したかった事柄です。私たちはここから出発して、さらに秘儀のいくつかの問題を学び、それをふまえて、エジプト秘儀がこんにちの生活とどのような関連性をもっているかを考察したいと思います。

第十一講

一九〇八年九月一三日

今回の連続講義では、後アトランティス期の発展過程をいろいろな側面から考察して、私たちの時代にエジプト＝カルデア文化の一種の繰り返し、一種の再生が生じていることを示唆しようと試みました。そこでこれから、この二つの文化期のことを図式化して述べようと思います。その他の文化期について言えば、すでに申し上げたように、インド文化期は第七期に繰り返され、ペルシア文化期は第六期に繰り返されます。

エジプト文化期は私たちの文化期において繰り返されています。そして第四文化期であるギリシア＝ラテン期だけが、いわば独自に存在しているのです。そこで図式的な仕方でひとつの線でエジプト期と私たちの時代とを結びつけて、かつての外的、内的な諸体験が今、ある種の復活を遂げているのを見ようと思います。私たちの時代はエジプト時代とそのように深く関連しているのです。

すでに見たように、霊界には秘密に充ちた諸力が働き、物質界にもそれに対応する別の諸力が働いて、この繰り返しを生じさせているのです。このような繰り返しの中で、外的な体験も内的な体験も生じており、そしてその中間に、単独でギリシア＝ラテン文化期が立っているのですが、その時期にキリストが出現して、ゴルゴタの秘儀を成就させました。

地上の状況が変化しただけでなく、霊界の状況も変化しました。そして人間の魂は、エジプトで巨大なピラミッドを眼にしていたときと、ギリシア＝ラテン期に生まれ変わったときと、現代に生きているときとでは、まったく違っているのです。そのことだけでなく、死と新しい誕生との間のカマロカとデヴァハンにおいても、一種の進歩、変容が生じているのです。ですから私たちの魂は、エジプト期に、ギリシア期に、または現在において、カマロカまたはデヴァハンに入っていくとき、同じことを体験しているのではないのです。外では物質界が変化し、内でも霊界に進歩が生じます。そのつど魂は、繰り返して、何か別のことを体験するのです。

さて、私たちは、特にこの世の観点に立って、地上におけるキリストの圧倒的な出現を考察しなければなりません。そして、これまで以上に深い仕方で、問わなければなりません。――地上でのキリストの出現にはどんな意味があるのか、と。そしてまた、キリストの出現は死者たちの魂にとって、彼岸での生にとって、生存の霊的側面にとって、どんな意味があるのか、と。この問いに答えるには、いろいろなことを前提にしなければなりません。まず、エジプト文化期における比岸と彼岸には、どんな魂が生きていたのかを考察しなければなりません。

地球紀のこれまでの偉大な諸時期の経過を辿ってみると、そこから分かってくるのは、エジプト＝カルデア文化期がレムリア時代の認識と体験を反映しているということです。月が分離する間の、そして分離したあとの地上で生じた体験を反映しているのです。人びとはそのとき体験したことを、エジプトの秘儀参入者たちの導きを通して、思い出のように体験したのです。エジプトの秘儀参入者自身は、秘儀参入の過程で、死者の体験内容を追体験しました。もちろん、その際の秘儀参入者は、通常、死者が体験するときとは異なる仕方で体験したのですが。

ここで私たちは、この考察のいわば建築用石材として、エジプト秘儀の本質を簡単に述べておかなければなりません。この秘儀の本質は、キリスト以後の秘儀参入の本質と非常に異なっています。なぜなら、キリストの出現によって、秘儀参入が本質的に変化してしまったのですから。

すでに述べたように、人びとはますます物質界の中に埋没していき、物質界に関心を寄せていかなければなりません。そして、霊界での死と新しい誕生の間の体験は、ますます影のように、薄く淡くなっていきました。物質界における人間の意識が生きいきとしてくればくるほど、物質界にいることを好むようになります。そして、物質界の諸法則を発見すればするほど、霊界での人間の意識はますます影のように実体のないものになるのです。こうして霊界での意識は、ギリシア＝ラテン文化期に最低の水位に達しました。しかし、人間がこの物質の深みに完全にはまる以前には、肉体の中で、地上生活の中で、霊界を洞察するのは不可能なことでした。

秘儀参入の過程は簡潔に述べることができます。キリスト前の秘儀参入にも、キリスト後の秘儀参入にもこのことが言えますが、最後が変わったのです。秘儀参入は、アストラル体の中に見霊器官を発達させることにほかなりません。こんにちの人は夜、闇を見ています。周囲は暗闇です。なぜなら、アストラル体には知覚器官がないからです。肉体の知覚器官として眼や耳があるように、高次の本性部分に超感覚的諸器官を育てなければならないのです。このことを可能にするために、弟子には瞑想と集中という特定の行《ぎょう》が与えられるのです。キリスト以前のこの行の修行者は、あらかじめ秘儀参入者によって与えられた霊界についての知らせを学び、そのあとで行を始めたのです。弟子はまず「霊学の基本」を学ばなければなりません。順を追って真実を学ぶことが、今よりもはるかに厳格に守られていました。十分なだけ理論の準備をしたあとで、行が与えられたのです。この行には、はっきりした目的がありました。

人が日常生活の中で感覚の印象を自分に作用させるとき、その印象は地上での生活のために役立ってくれます。そういう印象が人間のアストラル体の中に作用を及ぼし、アストラル体はその印象を自我にまで持ち込みます。けれどもその印象は、人が夜、アストラル体と自我で、肉体とエーテル体から抜け出るときも保持されることはできません。物質界の印象は、持続的な印象になるほどに強力な作用を及ぼせないのです。

けれども瞑想と集中の行を続けると、アストラル体が夜、肉体を抜け出すときも、その印象を失わずに保持できるのです。瞑想と集中の行は、数千年の経験をふまえて、そのように整えられています。ですから、修行する人のアストラル体は、彫塑的な印象を受けとるのです。ちょうど身体器官が作られたときのように、その印象はアストラル体を組織し形成するのです。ですから、この行が一定の期間を通じてアストラル体に働きかけると、それによって超感覚的な見霊器官がアストラル体に作られるのです。

とはいえ、見霊器官がアストラル体に刻印づけられただけでは、まだその器官を使用することはできません。もっと先まで行かなければならないのです。アストラル体がエーテル体に戻って、自分の中に形成されたものを、エーテル体に、ちょうど封蝋《ふうろう》に刻印づけるように、刻印づけなければならない。アストラル体の中に形成されたものをエーテル体に刻印づけた瞬間に初めて、物質界を見るように、霊界を見ることができるようになるのです。そのとき霊的な照明が生じるのです。

キリストが地上に現れたことによって得ることのできた衝動の意味が、このとき分かってきます。古い秘儀参入においては、アストラル体がエーテル体に働きかける力をもつのは、エーテル体が肉体から分離したときだけでした。なぜかというと、この時代のエーテル体は肉体と結びついて大きな抵抗力となっていて、アストラル体が自分の中に作り出したものをエーテル体に刻印づけようとしても、それを撥ね返してしまったからです。ですから、古代の秘儀参入においては、三日半の間、秘儀参入を求める人は死んだような状態に置かれました。その状態にあるときのエーテル体は、肉体から離れており、肉体から解放されたそのエーテル体はアストラル体と結びつくことができたのです。こうしてアストラル体は、修行によってみずからに刻印づけたものをエーテル体に刻印づけたのです。

秘儀の導師が秘儀に参入しようとする弟子をふたたび目覚めさせると、この弟子は霊界から照明を受けて、霊界の事情を知って目覚めました。なぜなら、その三日半の間、この弟子は特別の体験をしていたからです。彼は霊界の野を通るように導かれ、そこでの出来事を見たのです。別の人が啓示によってしか経験できないことを実際に体験できたのです。ですから、そういう秘儀に参入した人は、自分の体験から、物質界の彼岸に存する霊界の存在たちについて人に語ることができたのです。

そのとき、秘儀に参入しようとする人は、オシリス、イシス、ホルスの真の姿を知ることができました。この霊界への道で、神話の内容を見たのです。そして、その見たものを他の人たちに神話や伝説として語りました。彼はそのすべてを見ました。月が地球から分離したとき、オシリスの諸作用がどんなに独特な仕方で生じたのかを見ました。イシスとオシリスからホルスが生じるのを見ました。四つの人間類型である牡牛型、獅子型、鷲型、本来の人間型を見ました。また死と新しい誕生の間の人間の運命を見ました。スフィンクスが彼のところに現実の姿をとってやってきました。彼はこの姿を体験したのです。

彼はこう語ることができました――「私はスフィンクスを見た。まだ動物に似た姿をとっている人間を見たのだ。人間のエーテル体だけは、この動物に似た姿から抜け出て、人間に似た姿をとっていた」。

スフィンクスは秘儀参入者にとって現実体験だったのです。参入者はスフィンクスの謎めいた問いを聴き、スフィンクスのエーテル頭部を見ました。その頭部は人体が動物存在から抜け出て、まだエーテル状に留まっていたときの頭部でした。秘儀参入者にとってこのスフィンクスの姿は真実の姿でしたが、同様にいわば別の進化の道を辿った古い神々の姿も真実だったのです。

先回述べたように、一定の本性たちは別の道をとって進化の道を辿りました。例えば、ヴォータンの個性がそうでした。ある段階までは人間と共に道を辿りましたが、人間ほどに大地に深く降下しませんでした。人間はさらに物質化の道を辿り、ずっと後になって、地球紀の進化をまっとうするこの本性たちとふたたび結びつくことになるのです。

ヴォータンは後になると、もはや地上の私たちの世界には住まなくなりました。オシリスとイシスはヴォータンとは違う本性です。オシリスとイシスはもっと以前に人間から離れ、もっと高次の層において、まったく不可視の状態で進化を遂げて、独自の諸体験を経験してきたのです。

レムリア期に眼を向けてみると、人間のエーテル体はまだ人間に似た形姿をとっていませんでした。人間のエーテル体はまだ動物に似ており、降下してきた神々は、人間と同じく動物に似た形姿をとって現れることに甘んじていました。ある本性が特定の世界に歩み入ろうとするなら、その世界の条件を充たさなければならないのです。この場合もそうでした。太陽と月が地球から分離する間、地球と結びついていた神的本性たちは、当時可能だった姿、動物に似た姿をとらなければなりませんでした。

さて、エジプトの宗教観は、レムリア期の繰り返しを示しています。当時の秘儀参入者は動物に似た姿の神々、例えば、オシリスとイシスを仰ぎ見ました。まだ動物に似た頭部をもつ高次の神々を見ていました。ですから、こういう神々の頭部を鶹《はいたか》や雄羊《おひつじ》であらわしたのは、まったく正しいことだったのです。

地上を行く神々が地上に涌出したとき、そのような姿をしていました。その外的な模像が秘儀参入者の見た通りのものでなかったとしても、その像は非常に忠実に神々を映し出していたのです。このさまざまな神的本性たちは姿をさまざまに変化させました。レムリア期とアトランティス期とでも、その姿は異なっていました。これらの時期の本性たちは、現在よりもはるかに速やかに姿を変えました。当時の神的本性たちはまだ霊の形姿をとっていました。その三つの体は、アストラル光、エーテル光に貫かれて輝いていました。そして、それが実に忠実に図像化されました。こんにちの人びとは、その図像を見て、優越の笑みを浮かべますが、それがどれほど写実的であったか知らないから、そうするのです。

エジプト神話には、ある神の形姿があります。それは宇宙的＝大地的な力が人間に知性の力を組み込んだときに、特別の働きをした神の形姿です。当時の頭脳は、後に知性を発達させることができるように準備されていました。この知性の能力を人間に組み込んだのは、神アモンの行為でした。人間の知性は、アモンによって与えられたのです。

こんにち鋭い判断力をもち、概念を操作している人を霊視しますと、その知性の働きはアストラル・オーラの緑色の輝き、きらめきとなって現れます。関連づけの能力、特に数学の才能は、緑色を含んだオーラとなって現れるのです。古代のエジプト秘儀の参入者たちは、人間に知力を植えつけた神を見、それを図像化して、表面を緑色に塗りました。アストラル的＝エーテル的形姿が緑色に輝くのを見たからです。人が知的な活動をするときは、こんにちでもオーラが緑色にきらめくのです。

エジプトの神像のこのすばらしい写実主義を研究する人は、この関連から多くのことを学ぶことができるでしょう。神像のこの表現が写実的であって、決して恣意的ではなかったので、この神像は魔術的な力で作用しました。深い洞察力をもつ人なら、この神像の色の秘密が分かるでしょう。その秘密を通して、人類進化のいとなみを深く見通すことができるでしょう。

すでに述べたように、スフィンクスの中には秘儀参入者の見たものが保たれています。もちろん写真のような保たれ方ではありませんが、写実的なのです。しかし形姿は、繰り返して変化します。スフィンクスの姿は、かつての人間の姿の再現なのです。

人間は自分のこんにちの姿を自分で表現していますが、人間は地上での進化の過程で、さまざまな動物形姿に分かれたのです。一体、動物形姿とは何なのでしょうか。それは人間の進化の過程で停滞してしまった姿なのです。ですからその姿の中には、人類進化の諸段階が、物質化した限りでの諸段階が現れているのです。

霊的なものの中では、まったく違ったことが生じました。人間の霊的部分は、身体上の祖先とは何の関係もありません。身体上の祖先と関係があるのは、肉体部分だけです。しかし、人間は動物から生じたのではなく、人間の中の停滞した部分が動物の諸形姿となったのです。しかし、人間の形姿はある高さにまで進化を遂げました。動物は以前の人体形姿の退廃した姿なのです。

別の進化の分野では、別の事情が生じます。動物の物質形姿だけが停滞していたのではなく、エーテル形姿、アストラル形姿も停滞しました。ライオンの場合、当時はじめて他から分離したのですが、今とは別の姿をとっていました。そして、一定の段階に立っていた魂的＝霊的な形姿も、時の経過する中で堕落していきました。霊的・魂的な段階では、立ち止まることは、常に堕落することなのです。

例えば、スフィンクスも、立ち止まっていると堕落して、元の姿の戯画のような姿になるのです。スフィンクスは、私たちの時代になるまでアストラル界で同じ状態に留まっていました。秘儀に参入した人、もしくはなんらかの正しい仕方で高次の世界に参入した人は、こういう堕落した形姿にあまり引きつけられません。そういう、いわば霊界からの落ちこぼれには、です。けれども、低次の見霊能力を身につけて例外的にアストラル界へと上っていった人は、このような堕落した形姿に向き合うのです。

真のスフィンクスはオイディプスに向き合いました。しかし、真のスフィンクスは今でも生きています。ただ別の特別な姿で、人間の前に現れます。

田舎で、一定の進化段階に留まり続けていた人びとが、夏、日光が中天から田畑に暑い日ざしをふりそそいでいるとき、日射病的な症状になり、その結果、アストラル体とエーテル体が肉体の一部分から離れると、こういう人たちはアストラル界へ移されて、このスフィンクスの堕落した最後の末裔を見るのです。

この現象はいろいろな名前で呼ばれています。ある地方では、「白昼の女」と呼ばれていま
す。田舎では「白昼の女」に出会ったという話がよく聞かれます。いろいろな地方でいろいろな名の下に、この現象は起きています。そして、古代のスフィンクスが出会った人に問いを発するように、白昼の女も問いを出します。いっこうに終ろうとしないで、問いを出し続けるのです。この問いかけて困らせるやり方が、古代のスフィンクスの堕落した後裔のやり方なのです。

白昼の女は古代のスフィンクスから生じました。こういう現象は、進化がどのような過程を辿るのか、物質界の背後でもそれが進行しており、そこでは霊的本性たちの一門全部が降りてきて、最後には元の姿の単なる影になってしまっていることを示唆しているのです。私たちはそこにも、進化における諸関連のひとつの特徴を見てとります。こういうことを申し上げるのは、進化がそもそもどれほど多様な様相を呈すものかを知っていただきたいからなのです。

さて、すべてを正しく理解するために、肉体、エーテル体、アストラル体に第四の自我が人間に組み込まれた経過を考える必要があります。自我はアストラル体に浸透して、自分の要求に応じさせ、それまでの高次の霊的本性たちの代わりに、自分でアストラル体を支配するようになりました。

自我をアストラル体に組み入れたのは、高次の存在たちでした。もしも進化が、一定の高次

の本性たちの意味で、さらに続いていたなら、実際に生じたのとは違う経過を辿ったでしょう。しかし当時、一定の本性たちが停滞してしまい、自我をアストラル体に組み入れる仕事を一緒にやれなくなってしまったのです。

地球紀になってからの人間は、肉体とエーテル体とアストラル体をさらに育成していきました。そして、特に太陽と月を居住地としていた崇高な存在たちから自我性を付与されました。これらの存在たちは自我に働きかけたのですが、別の存在たちもこの働きかけを共にすべきでした。しかしこの存在たちは、土星紀、太陽紀、月紀の間に、この自我の移植のために一緒に働けるところまで進化を遂げなかったのです。彼らは月紀で学んだことしかできませんでした。つまり、人間のアストラル体に働きかけることしかできません。しかも、アストラル体のもっとも高貴な部分であるとは言えぬもの、崇高な高次の存在たちではなく、停滞し、あとからやってきたこの侵入者に由来するものがアストラル体に組み入れられたのです。もしもこれらの存在たちがこのことを月紀で行ったのだったら、最高の行為だったでしょう。しかし、地球紀に落伍者として行ったので、人間のアストラル体を本来のあるべきアストラル体よりももっと低次のところに位置づけてしまったのです。アストラル体に本能、情熱、エゴイズムが組み込まれたのです。

そして、人間には二つの側面からの働きかけがなされたのです。人間はアストラル体にも働きかけを受けました。そしてその結果、アストラル体は堕落させられました。しかし、アストラル体だけがその作用を受けたのではありません。地上の人間の場合、アストラル体への作用は、アストラル体を通してエーテル体へ、エーテル体を通して肉体へ続きます。アストラル体はいたるところに作用します。ですから前述の霊たちは、アストラル体を通してエーテル体と肉体にも作用を及ぼしたのです。もしもこの霊的存在たちがこういう作用をしなかったなら、人間生活の中に当時生じたような、自我性の高まり、自我感情の高まりは生じなかったでしょう。

エーテル体が受けた作用の結果は、判断の曇り、誤謬の可能性を生じさせました。アストラル体による肉体への作用の結果は、病気を生じさせました。これが疾病の霊的な原因なのです。動物の病気の原因は別のところにあります。

人間の中に植えつけられた病気は、今述べたことによるところが大きいのです。肉体とエーテル体の状態は遺伝に左右されますから、この病気の原因は遺伝を通して働きます。

ここでもう一度強調しておきますと、内因性の病気と外因性の病気とを区別しなければなりません。自動車事故に遭うのは、ここで述べる病気には入りません。内科の病気でも、外的な原因で生じることがあります。胃によくないものを食べたというのは、もちろん外的な原因です。しかし、前述の存在たちが進化の過程で人間に影響を及ぼす以前の人間は、外から働きかけてくるよくないものに対して、今よりもはるかに敏感に反応できました。この影響が生じるに応じて、人間はよくないものに対する本能的な反応を失っていったのです。

以前の人間は、好ましくないものに対しては繊細な本能をもっていました。何かが胃の中に入ってこようとしたとき、今ならそれを胃の中に入れて、胃をこわしたでしょうが、本能の力でそれが入ってくるのを拒むことができました。過去をふりかえると、時代を遡れば遡るほど、環境の働きと繊細な関係をもっていた時代に到ります。人間は環境の働きに対して繊細な仕方で反応を示していたのです。しかし、人間はますます好ましくないものを退けることができなくなっていったのです。

このことは別の事実とも関連しています。人間が内的な存在になっていけばいくほど、外界にも変化が生じました。人間だけなく、鉱物界、植物界、動物界という私たちの周囲の三つの自然界が次第に生じるようになりました。はじめは人間だけが存在していました。次に動物界が加わり、次に植物界が、そして最後に鉱物界が加わりました。太陽がまだ地球と一つに結びついていた原地球に眼を向けますと、まだ物質界のすべての素材が人間の中に入ったり出たりしているのが分かります。そのときの人間は、まだ神々の胎内で生きていたのです。そしてまだ、どんなものをも飲み込んでいました。

その後、人間は動物界を自分から引き離して、あとに残さねばなりませんでした。人間が動物を担い続けていたなら、そもそも進化していくことはできなかったでしょう。人間は動物界を、のちには植物界をも排出しなければならなかった。動物や植物として外界に存在しているものは、人間の気質、情熱、ある種の特質にほかなりません。人間はそれらを排出しなければならなかったのです。

そして、人間が骨を形成したとき、鉱物界を排出しました。人間はそのあとで環境に眼を向け、そして、こう語ることができました――「以前の私はお前たちを受け容れることができた。お前たちは私の中に入ったり、出たりしていた。私がまだ水の地球の中で生きていたとき、お前たちを受容し、お前たちを消化することができた。今、お前たちは外にいる。私はもはやお前たちを受け容れることも、消化することもできない」。

人間が皮膚をまとい、閉じた個別的な存在になったとき、それに応じて自分の周囲に鉱物界、植物界、動物界を認めるようになったのです。

健康である限り、人間は外界と正常な関係を保っていますが、しかし内部に妨害する働きが生じると、この働きを内部の力によって退けなければなりません。その力が弱すぎると、その抵抗力では抗しえない働きに対して何かを外から受容しなければなりません。抵抗力を呼び起こすために、何かが移植されなければなりません。例えば、病気の人には或る種の金属の力を注入しなければなりません。ですから、金属や植物の液などを薬として注入することは正しいのです。

宇宙進化の全過程を回顧できたエジプトの秘儀参入者たちは、人体の個々の器官が外界の植物や鉱物の素材と対応しており、どの植物や金属を病人に注入すべきなのか、よく知っていました。いつか医療の分野で人類がかつて所有していたオカルト上の叡智の大変な宝が明るみに出されるでしょう。

こんにちでは、医学の分野で多くのことが歪められているだけでなく、非常に多くのことがあれこれの病気に特別の治癒力があるかのように間違って信じられています。本当の神秘学者なら、一面的な態度はとりません。何度も何度も、神智学に妥協を強いようとする動きを振り払わなければならないのです。神秘学は一面的な方法を支持しようとはしません。むしろ研究をあらゆる側面から行おうとします。「毒はすべて排除しよう」と言うのは、一面的な態度です。そういう人は、本当の治癒力のことを知らないのです。

こんにちは愚かな治療がほどこされています。なぜなら、専門家はたいてい関連を見通すのが不得意だからです。医学界での一種の専制主義が神秘学からの提案をことごとくはねつけてしまいます。医療の最古の分野、たとえば金属投与を否定するような態度をとり続けなければ、医療の改善が望めるでしょう。古い伝統的な薬物に匹敵するほどのものは、近代の実験室からは発見されません。それなのに、伝統的な薬物には、素人っぽい無理解で向き合っているだけなのです。

古代エジプトの秘儀参入者は、医療の秘密に通じていました。進化の本当の関連を見通していたからです。こんにちの医者が否定的な口調で古代エジプトの医学について語るとすれば、その人は何も知らずにいるのです。このことも古代エジプトの秘儀参入について知っておくべき事柄のひとつです。

こういう事柄は民衆意識の中に生きています。どうぞ、こんにちの人びとの魂が古代にも生きていたことを考えてみて下さい。私たちと同じ魂が、霊界を霊視し描いた秘儀参入者たちの絵を見ていたのです。そういう魂が輪廻転生を重ねながら獲得してきた経験は、繰り返し果実を稔らせました。人が思い出すことができなくても、こんにち魂の中に生きているそういう果実は、以前に組み込まれたからこそ生きているのです。魂の内実は物質生活の彼岸でも此岸でも形成されてきたのです。

魂が誕生から死に到るまでの間にいたときも、死から新しい誕生に到るまでの間にいたときも、古代エジプトの考え方が生きていました。こんにちの考え方もこの古代エジプトの考え方から生じたのです。こんにちの特定の考え方は、古代エジプトの考え方から直接生じたのです。「ダーウィン主義」は外的な経験から生じたのではありません。同じ魂が、古代エジプトにおいて、人間祖先の動物形姿のイメージを受けとったのです。当時の見方、考え方のすべてがふたたび現代に目覚めたとき、人間を物質世界の中にさらに深く埋没させる働きをしました。「私たちの祖先は動物の姿をしていた」、と言われたことを思い出すことはできたのですが、「神々だった」ことを思い出すことはできなかったのです。これが、なぜダーウィン主義が現れたのかの心理的な理由です。神々の姿が唯物的な形式をとって現れたのです。こういう仕方で内的、霊的な関連が、古い文化期と新しい文化期、第三文化期と第五文化期の間に存在しているのです。

さて、かつて霊的に見ていたものを、物質的に見ることだけが、私たちの時代の特徴なのではありません。その間にキリスト衝動が人類の進化に入って来なかったとしたら、そうなってしまっていたかもしれません。パレスティナの出来事は、物質界での生活にとって意味をもっていただけではありません。死後の人生にとっても大きな意味をもっていました。死後の古代エジプト人の魂にとってもです。物質界においては、すでに取り上げたような出来事が生じました。しかし、ゴルゴタの出来事とヨルダン川での洗礼を含んだキリストの三年間は、地上を生きる魂にとっても、死後の魂にとっても、同じように重要だったのです。

すでに述べたように、自我のための外的、物質的な表現は血液です。物質としての血の働きは、自我の物質上の表現なのです。さて、進化の過程で、あまりにも強いエゴイズムが生じました。自我性があまりにも強く血に刻印づけられました。けれども「あまりに多く」のエゴイズムは、人類に霊性が与えられるべきであるなら、人類からふたたび排除されなければなりません。このエゴイズム排除のための衝動が、ゴルゴタで与えられたのです。そして救世主の血がゴルゴタで流れた瞬間に、霊界では別の諸経過が生じました。救世主の血は物質界に流れ落ちましたが、あまりに多くの余分のエゴイズムは霊界の中に入っていきました。余分のエゴイズムはこの世から消えてなくならなければなりません。そしてゴルゴタの丘で、そのための衝動が与えられて、エゴイズムの代わりに、普遍的な人間愛が現在の人類の中へ入ってくるようになったのです。

しかし、ゴルゴタのこの出来事は何だったのでしょうか。この世で死が三日半続いたこの出来事は何だったのでしょうか。その三日半の間に、秘儀に参入した人の霊的な体験が、物質界に持ち込まれたのです。秘儀に参入した人は三日半の間、死んでいました。この象徴的な死を体験した人は、死に打ち克つことができる、この世には永遠なるものが存在する、と人びとに伝えることができました。

秘儀参入者たちは死に打ち克ちました。自分を死の克服者であると感じました。ゴルゴタの出来事を通して、古代の秘儀の中で演じられていたことが、歴史上の出来事になったのです。霊による死の克服が今、物質界へ、この世へ持ち込まれた。このことを魂に作用させると、ゴルゴタの秘儀と共に生じた事柄を、古い秘儀参入の新しいイメージ化として、歴史上生じたこととして感じとれるのです。

そして、その結果は何だったのでしょうか。秘儀参入者はその自分の体験から同胞たちにこう言うことができました――「霊界が存在すること、われわれがその霊界で生きられること、私はそのことを知った。私は三日半、霊界に生き、そのときの体験を君たちに知らせたい。私は霊界の贈りものをあなたたちに持ってきた」。この贈りものがこの世を生きる人類全体の救済のためになったのです。この物質界で秘儀に参入しようと志す人は同じようなものを死者たちにもたらすことはできませんでした。彼岸の死者たちはこう言うことができるだけでした――「物質界で生じるすべては、人間が救済されるべきだ、ということを示す」。

古代の秘儀参入者が霊界で死者と交流をもったとき、死者にこう伝えることができるだけでした――「生きるとは苦しむことだ。解脱だけが救いになる」。

仏陀もそのように生者に伝えました。秘儀参入者は、生者にも死者にも、そのように教えました。しかし、ゴルゴタの出来事を通して、死が物質界の中で克服されました。そして、霊界にいる死者にとって、このことは意味をもっています。キリストを自分の内部に受け容れようとする人は、デヴァハン界での影のような生活にふたたび光を投げかけることができるのです。人がこの地でキリストを体験すればするほど、かの地の霊界が明るくなるのです。救世主の傷から血が流れたあとで——これはキリスト教の秘儀に属することですが——、キリストの霊は死者たちに降りたのです。

これは人類のもっとも深い秘儀のひとつです。キリストは死者たちのところに降りて、こう言ったのです。——向こうで生じたことは、こちらで生じたことほど多くはない、と言ってきたが、今回はもはやそうは言えない。

人間がこの出来事に則って霊界へ持ち込むものは、物質界から霊界へ持ち込むことのできる贈りものなのです。それは、三日半の間にキリストが死者たちにもたらした知らせなのです。キリストは死者を救済するために、死者のところに降りたのです。

古代の秘儀参入ではこう言うことができました——「われわれは物質的なものの中で霊的なものの果実を刈りとった」。今、物質界に生じた出来事は、霊界の中にその果実をもたらしたのです。ですから、人間が物質界に降下したことは無駄ではなかったのです。人間は、この物質界で霊界のための果実を取り出すことのできるように、この降下を全うしたのです。

果実を取り出すことができるようになったのは、キリストのおかげだったのです。キリストは生者の傍《そば》にも死者の傍にもいました。そして、全世界を震撼させたほどに烈しく、力強い衝動を与えてくれたのです。

第十二講

一九〇八年九月一四日

私たちの課題を全うするために、これまで四つの後アトランティス期の特徴を、キリスト教の出現に到るまで辿ってきましたが、ここで私たちの時代の特徴にも、眼を向けなければなりません。

これまで述べてきたように、アトランティス大陸の破局以後、原インド期、原ペルシア期、エジプト＝カルデア期と発展してきました。そして第四期のギリシア＝ラテン期に到って見えてきたのは、人びとが物質界の中に深く埋没して生きるようになった、ということでした。

人類進化上、物質界の底辺にまで達したこの時代は、こんにちの人にはとても魅力的に思えます。なぜなら、こんにちの文化期の重要な出来事の多くが、この底辺に立つところから始まっているからです。このギリシア＝ラテン文化期に、ギリシア芸術の中で、精神と物質の統合が可能になりました。ギリシア神殿は、神が住むことのできる建物でした。当時の人にとっての物質とは、精神の外枠を表わすものであり、どんな物質の中にも精神の痕跡を見ることができました。ギリシア芸術のすべての作品にもそのことが言えますし、ギリシア人の生き方についても同じことが言えます。ギリシア芸術の世界は、精神が移植されたことで、物質を途方もなく魅力的なものにしていましたから、私たち中部ヨーロッパでも、偉大なゲーテは、『ファウスト』のヘレナ悲劇の中で、彼自身とこの文化期との出会いを描こうとしたのです。

もしも文化がその次の時代に同じ方向を辿り続けたとしたら、どういう結果に到ったでしょうか。そのことは単純なスケッチによって明らかにすることができます。――ギリシア＝ラテン文化地域では、どんなに深く物質の中に降りても、物質のどん底においても、精神を見失うことはありませんでした。この時代のすべての創造物の中で、精神が物質化されていました。ギリシアの神像を見てみると、どんな場合にも、ギリシアの制作者は物質素材に精神性を刻印づけていたのです。ギリシア人は、物質を征服しても、その物質の中に精神を見失うことはありません。しかし、その後、文化の発展は、水準以下のところまで落ちていき、物質の中に埋没した精神は、物質の奴隷になり下がってしまうのです。

周囲の環境に眼を向ければ、誰の眼にも明らかなように、そうなってしまっているのです。その結果として唯物主義が現れたのです。私たちの時代以上に物質を征服することのできた時代はありません。しかももっぱら身体上の要求を満足させるために、そうなったのです。人びとは何という素朴な手段で、巨大なピラミッドを建立したのでしょう。エジプト人の精神が宇宙の秘密に参入したときの高揚感と現代の唯物主義とを比較してみて下さい。エジプト人にとっての神像は、宇宙と大地の中で生じた事柄の模像であり、刻印づけだったのです。どうぞ、そのことに思いを向けてみて下さい。古代エジプトにおいて霊界を見ることのできた人は、アトランティス時代に不可視になった、そしてレムリア時代には地球上の事実であった事柄の中に生きていました。そして、秘儀参入者だけでなく、民衆の一人ひとりも、感覚、感情、魂のすべてをもって、霊界に関与していたのです。

人びとが物質界で仕事をしていたときの手段は素朴なものでした。その素朴さを現代の高度な技術と較べてみて下さい。現代文明に寄与した人たちへの数多くの賛辞を読んで下さるだけで十分です。もちろんそれに異をとなえるつもりはありません。時代はこれからもますます、四大（地水火風）を征服していくでしょう。しかし、この現実を別の側面から考察することもできます。

遠い過去へ眼を向けてみましょう。人びとは単純な石を挽臼《ひきうす》に用いて穀物を碾《ひ》いていましたが、その一方で途方もない霊の高みを仰ぎ見ることもできました。その頃仰ぎ見た霊の高みを、こんにちの大多数の人は予感することさえできないでいます。カルデアの秘儀参入者が星や動物、植物、鉱物を人間と関連づけて観察し、治癒力を認識したときに、どんな体験をしたのか、何も知らずにいるのです。

エジプトの祭司たちは、こんにちの医者たちとは比較にならぬくらい偉大な治療師でした。こんにちの人は、霊の高みに生きることができないのです。神智学だけが、古代のカルデア＝エジプトの秘儀参入者の見たものを言葉にして語っています。そうでない場合、例えば、深遠な秘儀に関わる碑文を解読したというときにも、本来の意味内容のカリカチュアしか示すことができません。古代人の場合、物質界に働きかける物質手段は不十分でしたが、その代わり、霊界との関係においては、圧倒的な力を所持していたのです。

こうして人間はますます物質の中に深く沈んでいき、物質界を征服するために精神力を行使し続けました。人間の精神は物質界の奴隷になってしまったのでしょうか。確かに人間は物質界の中に深く沈んで、蒸気船、鉄道、電話を作り出すために途方もない精神のエネルギーを費やしてきましたが、そういうすべては、一体何のためだったのでしょうか。その結果、どれほどの精神力が高次の世界から引き出されたことでしょう。

しかし神智学を学ぶ者は、自分の時代を批判すべきではありません。なぜなら、物質界を征服するのは、必要なことだったのですから。しかし、精神が物質界の中に沈んでしまったことも真実なのです。こんにち、挽臼で穀物を粉にする代わりに、ハンブルクに電話で注文して、アメリカから蒸気船で必要なものを送らせることができますが、そうできることは精神にとって、何か特別重要な意味があるのでしょうか。こんにちアメリカその他の多くの遠い国と蒸気船でつながっています。そして、そうするために計り知れぬほどの精神力が費やされてきました。地球上のあらゆる地域と通信できるようになるために、途方もない精神が費やされたのですが、そのことは物質生活、身体要求の満足のためだけにそうされたのでしょうか。人間の力に限りがあるとすれば、物質世界のために精神力がこれほど消費されたのですから、霊界に上っていくための精神力が十分に残されているとは思えません。

精神は物質の奴隷になってしまったのです。ギリシア人が芸術作品の中に精神を顕現させたのとは反対に、こんにちの精神は深く物質の中に埋没して生きています。私たちの工場のさまざまな製品がそのことを示しています。それらはもっぱら物質上の需要に応じて生産されているのです。

それでは本当に私たちは、あまりにも深みへ降りてしまったのでしょうか。前回の考察で取り上げた事件がもしも生じなかったとしたら、これからも人間は、この上もない力で物質界を征服していくでしょう。しかしキリスト衝動によって、進化の最底辺で、新たに上昇へ向かわしめる衝動が人類に組み込まれました。人類の進化にキリスト衝動が介入したことで、文化の中に別の可能性が生じました。すなわち、物質を克服する道が示されたのです。キリスト衝動は死を克服する力をもたらし、それによって人類に物質界を超える可能性を与えたのです。この最高に力強い衝動は、生じなければならなかったのです。その衝動は、物質を根本から克服する力をもっていました。そのことはヨハネ福音書、ヨルダン川での洗礼、ゴルゴタの秘蹟が示しています。

預言者に予告されていたイエス・キリストの出現は、最高に力強い衝動を全人類の進化のためにもたらしてくれたのですが、そのために人間は、まずみずからを霊界から切り離さなければなりませんでした。キリスト本性の力でふたたびこの霊界と結びつくために、です。しかし私たちは、人類進化全体の関連の中にもっと自分を取り入れなかったなら、このことを完全に理解することはできないでしょう。

キリストの出現は、人間が物質界の最底辺にまで沈んだときにのみ生じえた出来事でした。ギリシア＝ラテン期は、七つの後アトランティス期の中間に位置しています。この時期の人間が個人になったとき、神もまた、人間を救うために、個人になったのです。人間がふたたび上昇できるように、個人となってその可能性を与えてくれたのです。ローマ人はまずローマ市民としての自分を意識するようになりました。それ以前の人間は、まだ霊界の高みに生きていました。今人間は、物質界に完全に降り立ったのです。その人間が、神自身を通して、ふたたび高みへ導かれねばなりません。

私たちは、もっともっと第三期と第五期と、その中間期のことを深く洞察しなければなりません。学校で学ぶような仕方でエジプトの神話を学ぶだけでは不十分なのです。古代エジプト人の感情生活の中にもっと深く入っていけるような観点を見出さなければなりません。そしてこの感情生活が、どのようにして私たちの時代にふたたび現れるのかを見ようとしなければなりません。そのために考えるべきことがあります。――

エジプトの神話と秘儀におけるスフィンクス、イシスとオシリスの圧倒的なヴィジョンはすべて、太古の人類の状態への回想でした。そのことはすでに申し上げました。こういうすべては、地球紀の古い諸経過を映し出していたのです。人間は太古を回顧し、自分の根源を見ました。そして秘儀参入者の場合は、自分の祖先の霊界での生き方をみずから体験することもできました。

これまで述べてきたように、人間の魂は集合的な魂から進化を遂げてきました。「黙示録」の四種の獣の姿は、この集合魂を伝えています。人間はそういう集合的な魂から進化を遂げて、次第に身体を精妙化し、個性の存在にまで進化してきたのです。この経過は、歴史書の中にも見ることができます。タキトゥスの『ゲルマニア』を読んでみて下さい。西暦一世紀の頃のゲルマニア地方では、一人ひとりの意識がまだ同じ部族意識の中に同化していました。ケルスキ人が、同書の中で、例として挙げられているように、まだ祖先の霊が支配しており、各人は自分が部族の一員であると感じていました。

この部族意識はとても強力でしたので、各人は同じグループの仲間のためなら復讐することも厭いませんでした。血の復讐（血讐）の習慣がそのあらわれです。ですから、まだ一種の集合魂的な在り方が存在していました。それは後アトランティス期の後のちまで保たれてきましたが、しかしそういうすべては余韻にすぎません。一般的に言えば、アトランティス末期には、本質的に、集合意識は消えていきました。ですから今述べたことは、名残りの現象にすぎません。実際、当時の人びとは、もはや集合魂を生きていたわけではありません。しかしアトランティス期の人びとは、まだ集合魂として生きていましたから、自分のことをまだ「私」とは言いませんでした。集合魂であるという思いは、次のような仕方で後代に記憶となって引きつがれました。

奇妙に聞こえるかもしれませんが、古代人の記憶は、今とはまったく違う意味と力をもっていました。今の記憶とは何でしょうか。

皆さんは幼児期の始めの頃のことをまだ憶えていらっしゃるでしょうか。ごくわずかなことしか憶えていらっしゃらないでしょう。生まれた頃のことになれば、もはや記憶に残っていません。生まれる前のことはまったく何も憶えていらっしゃらないでしょう。

アトランティス期の人びとは、違っていました。第一後アトランティス期の人びとも、父、祖父、曽祖父の体験したことを憶えていました。そして、誕生から死までの間だけ自我として生きている、とは思っていませんでした。自我は記憶を通して数世紀前から生きてきました。血が祖先から子孫に流れている限り、自我は生き続けました。当時の集合自我は、空間的に同時代人の上に拡がっていたというのではなく、数世代を時間的に遡っていたのです。ですからこんにちの人たちは、古代の祖先の物語が伝えているように、ノア、アダムなどが大変に長命であったといわれても、まったく納得できないでしょう。その物語は、祖先たちが何世代にもわたって自我を保っていた、と言っているのです。

こういうことについて、こんにちの人はまったく理解することができませんが、例えばその頃の人たちは、生まれてから死ぬまでの一人ひとりがそれぞれ名前を持っている、ということに何の意味も認めなかったでしょう。一人の人の記憶は、何世紀にもわたって、祖先にまで遡ることができました。人は、数世紀にわたって同じ記憶を保ち続けている限り、同じ名を名乗っていたのです。アダムとは数世代にわたって流れる血を担った自我のことでした。この事実を知らなければ、古代人の内面を理解することはできません。

人は世代の流れに守られている、と感じていました。「私と父アブラハムとはひとつだ」、という聖書の言葉は、そういう意味なのです。旧約聖書の信奉者がそう語ったとき、その人は人間として世代の流れの中の自分を感じていたのです。後アトランティス前期の人びと、エジプト人の場合にも、この意識は存在していました。人は血の共有を感じていました。そしてそのことは精神生活上、特別の事情を生じさせせました。

こんにちの人がこの世を去ると、カマロカの中に生き、次いで比較的長期に及ぶデヴァハンの生活に到ります。しかしこのことは、キリスト衝動の結果なのです。キリスト以前の人は、自分が祖先の時代と結びついていると感じていました。こんにちの人は、カマロカの中で、物質界で身につけた欲望、願望を捨てなければなりません。カマロカ期の長さはこのこと次第で、生まれてから死ぬまでの生き方次第で決まります。

古代ではもっと多くの世代の生き方に依存していました。身体上の世代の流れ全体の一分肢として地上を生きていましたから、カマロカにおいて、個人としての地上生活に関わる事柄を生き抜くだけでなく、太祖に到るまでの諸世代に関わるすべてを、カマロカにおいて、遡行して体験したのです。「アブラハムの膝元に守られている」という言葉の意味する深い真実も、このことに関係しています。古代人は死後、祖先の系統のすべてを遡っていったのですが、そのとき辿った道は、「祖先への道」と呼ばれました。この道を通過したとき初めて、死者は霊界へ上っていく「神々の道」に到ることができました。当時の死者の魂は、祖先の道と神々の道を辿っていったのです。

さて、文化期はそれほど急激には交替しません。インド文化の本質は、その後も変化しつつ生き続け、エジプト文化においても甦りました。古いものと新しいものとは容易に取り違えられてしまいます。ですから、ここで強調しておきますと、私は最古の時代を示唆するために、インド人は祖先の道と神々の道を知っていた、と申し上げたのです。

さて、時代が下れば下るほど、人はますます故郷と祖先への依存から解放され、ますます故郷を失い、ますます神々の道が長く、祖先の道が短くなるのです。心底から祖先に愛着を感じている人は長い祖先の道を歩み、短い神々の道を歩みます。東洋の用語では、祖先の道はピトリヤーナ、神々の道はデヴァヤーナと呼ばれました。こんにち私たちが「デヴァハン」と言うときは、神智学用語として用いているのを弁《わきま》えていて下さい。ヴェーダの識者は、私たちが「デヴァハン」と言うのを聞くと、きっと笑い出すでしょう。東洋の考え方に通じるのは、そんなに簡単なことではありません。

私たちは時には、東洋の叡智を提供しようとする人に対して、この叡智を守らなければならなくなります。こんにち、いわゆるインドの教えを学んでいる人たちは、この教えがどんなに分かりにくい教えか、あまり意識していないことがよくあります。こんにちの神智学が東洋的＝インド的な教えである必要はないのです。ある神智学のグループでは、遠い、例えばアメリカから来たものを好んでいます。しかし、真理はどこにもあります。骨董的な研究なら学者に任せておけますが、神智学は生きた思想なのです。神智学の真理は、いつでも、どこでも探究できる真理でなければなりません。このことをよく心得ていなければなりません。

さて、古代エジプト人の場合、真理は理論の対象だけでなく、実践の対象でもありました。エジプト人の偉大な秘儀の中で伝授された事柄は実践的なものでした。この秘儀により深く参入するときに学ぶ事柄は、実践的な性格をもっていたのです。この秘儀はまったく特別の事柄を追求していました。すなわち、ファラオが秘儀参入者だったのですが、エジプト人はファラオに対して、まるで国家制度に対するように向き合っていたのです。こういう話をしますと、現代人は微笑で応えるかもしれません。ファラオが「ホルスの子」または「ホルス」そのものと呼ばれたのは、現代のヨーロッパの学者には、特に滑稽なことなのです。人間が神として敬われるというのは、こんにちでは奇妙なことに思えます。それ以上、奇妙なことなど考えられないくらいです。現代人は要するに、ファラオとファラオの使命とについて、ファラオの秘儀参入について、何も知らないのです。こんにちの人は、民族とは特定の土地に居住する、特定数の人びとのことだとしか見ていません。民族とは本質のない抽象概念であり、特定の地域に居住する人間の総計でしかないのです。

しかし、神秘学の立場に立つ人にとっては、こんなものが「民族」であるはずはありません。指が身体全体の一部分であるように、民族の一人ひとりは民族魂という現実の一部分なのです。民族魂に属し、民族魂に組み込まれているのです。ただ民族魂は物質界の現実なのではなく、エーテル形姿としての現実です。民族魂は絶対の現実なのですから、秘儀参入者は民族魂と話し合うこともできます。民族の一人ひとり以上に大きな現実なのです。神秘学者は、民族魂がまったき現実であるということを体験的に知っています。そこで民族と個人との関係を、図式的に考察してみましょう。

個人一人ひとりを小さな円であるとします。円である一人ひとりの自我は、外的、物質的に見ると、個別的に存在しているようですが、霊的に見ると、この個々の個性はエーテルの霧の中に埋没しています。この霧が民族魂なのです。

さて、個人一人ひとりは、考え、行い、感じ、欲します。個人は自分のその感情や思考を共同の民族魂の中に流し込みます。民族魂はこの思考と感情の流入によって、色に染まります。肉体から眼を背《そむ》けて、エーテル体とアストラル体に眼を向け、そしてさらに民族全体のアストラル体に眼を向けますと、民族全体のアストラル体が個々の人間によって色づけられていることが分かります。

エジプトの秘儀参入者はこのことだけでなく、それ以上のことも知っていました。民族魂の中にイシスの転生をも見ていたのです。イシスはかつて民族魂として人びとのあいだを行き来していました。その魂には月に由来する作用力が働いていました。

一方、オシリスは霊の光線一つひとつの中に生きていましたから、物質界の中でオシリスの姿を見ることはできず、物質界では死んだオシリスは、人が死ぬと、死の国でふたたび姿を現したのです。ですから『エジプトの死者の書』の中にあるように、エジプト人は死ぬと、オシリスとひとつに結ばれました。死者そのものがオシリスになったのです。オシリスとイシスは、国家の中で、そして国家の一員としての個人の中で、共に働いていました。

そこでふたたびファラオのことを考えてみましょう。ファラオにとってオシリスとイシスの共同の働きは、ひとつの現実でした。ファラオは秘儀に参入する前に、ある教えを受け、この現実が知性だけで理解すべきことではなく、ひとつの真実であり、現実である、と諭《さと》しました。そして、民族を支配しようとするなら、自分のアストラル体とエーテル体の一部分を犠牲にしなければならない、と教えました。ファラオの中でオシリスとイシスの原則が働いていなければならなかったのです――「私個人は何も欲することが許されない。私が何かを語るときは、オシリスが語るのでなければならない。私が何かを行うときは、オシリスがそうするのでなければならない。私が手を動かすときは、イシスとオシリスがそうするのでなければならない。私はイシスとオシリスの子、ホルスにならなければならない」。ファラオはそう言えなければなりませんでした。

秘儀参入は学識とは関係ありません。ファラオがその教えを奉じて、みずからを供犠《くぎ》に捧げることができたのは、秘儀参入のおかげだったのです。ファラオが供犠に捧げたものは、まさに自分の中の民族魂の部分でした。ファラオが供犠に捧げた部分こそが、ファラオに権力を与えたのです。事実、正当な権力というのは、自分の人格を高めることで得られるのではなく、自分の人格を超えたもの、高次の霊的威力を自分の中に受容することで得られるのです。ファラオはそういう威力を受容したのです。この威力は外へ向けては、コブラとして表現されました。

以上がファラオの秘儀の本質です。私たちは以上、ファラオの形姿を高次の事柄に関連づけて考察しました。

さて、エジプトの秘儀参入者にとって特に大切だったのは、民族魂ができるだけ善き力にめぐまれること、決してその力を失わないことでした。エジプトの秘儀参入者は血縁に頼ったりはしませんでしたが、しかし、祖先たちの集めた霊的な財を個々の魂の財にしなければなりませんでした。

このことは、死の法廷として述べられています。死者は四二人の死の判事の前に立たされ、生前の行為が秤《はか》りにかけられました。この四二人の死の判事とは何者なのでしょうか。それは祖先たちだったのです。

人間の生涯は四二人の祖先の生涯と結びついている、と信じられていました。死者は、祖先たちが霊的に提供してくれたものを本当に受容したかどうか、四二人の祖先の前で答えなければなりません。エジプトの秘儀の教えは、このように、生活のために実際に役立つべきものだったのです。しかも死後のためにも、死から新しい誕生までの生活のためにも、役立つものでなければなりません。エジプト時代になると、人はすでに物質界に巻き込まれていたのですが、しかし同時に、他界での先祖たちを仰ぎ見て、祖先たちの遺産をこの世で大切に活用しなければなりません。だからこそエジプト人は、物質界に囚われ続けたのです。祖先の仕事を引き継がなければならなかったからです。

さて、すでに述べたように、こんにちの魂は古代エジプト人の魂の生まれ変わりなのです。では、当時生じた事柄は、エジプト時代を体験してきたこんにちの生きた魂にとって、何を意味するのでしょうか。当時、死から新しい誕生までに体験したことのすべては、魂と深く結びついて、私たちの時代にふたたび甦ったのです。私たちの時代は第三後アトランティス期の果実をふたたびこの世にもたらします。その果実が今、人びとの好みや思いとなって現れてくるのです。

当時の魂の中に植え込まれた諸理念が、こんにちふたたび現れてきます。ですから、こんにちの人びとがもたらした物質文明は、古代エジプトにおける物質界への関心を粗野化したことの現れなのです。ただ現代人は、もっと深く物質の中に取り込まれてしまっています。古代エジプトにおける死者のミイラ化が、こんにちの物質主義的な見方を生み出したことは、すでに述べました。

当時の魂の在り方を考えてみましょう。その魂は秘儀の弟子となりました。そういう弟子は宇宙へ眼を向けることによって、霊視する能力を獲得しました。月の中でオシリスとイシスが放浪するさまを霊視しました。万象が神霊存在の働きを受けているということを、自分の魂の中に受容しました。そして、第四文化期、第五文化期に生まれ変わりました。第五文化期でのこの弟子の中で、こういうすべてが思い出となって甦りました。

そのことから一体何が生じたのでしょうか。第五文化期でこの弟子は、星の世界を見上げ、そして、当時見聞きしたことを思い出しました。しかし、唯物的な考え方をしていたので、そのことに気づくことはありませんでした。彼が見たものは、もはや霊的な在り方を示さずにいましたが、物質的、機械的な関係となって甦りました。彼はその関係を唯物論的な形式の中で表現しました。かつて見た神々、イシスとオシリスを今や単なる抽象的な力として、霊的な関連なしに見ました。霊的な関連は思想形態となって甦りました。

古代エジプトで偉大な宇宙関連に眼を向けたひとりの魂に眼を向けてみましょう。かつてエジプトで霊視したものが、この魂の前に現れました。第五後アトランティス期にこの魂となって甦ったのは、コペルニクスの魂でした。

コペルニクスの地動説は、古代エジプトにおける霊的体験への思い出として生じたのです。ケプラーの宇宙観も同様です。これらの人はエジプト時代に体験したことから、当時の思い出から、偉大な宇宙法則を発見したのです。ですから、こういう宇宙観は、魂の中の暗い思い出の中から甦ってきたのです。本来こういう精神が考えたことは、古代エジプトで霊的な形で体験したことだったのです。

こういう精神は私たちに何を語ろうとしているのでしょうか。まるで古代のエジプトを回想しているかのようなのです。あたかもその思い出を新しい形にして返しているかのように。こういう精神は、こう語っています——「しかし今、一年半前から朝焼けとなり、数か月前から昼の光となり、数日前からは純粋な太陽のこの上なく壮麗な輝きとなって現れた。もはや私を引き留めるものは何もない。私は聖なる灼熱の中で夢想に耽ろうと思う。私はエジプト人の黄金のうつわを盗み取り、そうすることで、エジプトの地域をはるかに超えて、私の神のために天幕を作る。そう白状することで、人びとのあざけりに応えようと思う」(『宇宙の調和』第五書のまえがき)。

これは真理にふさわしい真実の思い出ではないでしょうか。こう述べたのは、ヨハネス・ケプラー[一五七一―一六三〇]でした。彼はこうも述べています——「古い思い出が私の心の扉をたたいている」、と。

このように人類の進化の中では、さまざまなことが見事に関連し合っているのです。霊的な関連に気づいたとき、謎めいた発言の中にも、光と意味が見えてきます。そのとき初めて人生の意味が大きく圧倒的に感じられ、人びとは偉大な全体の中に組み込まれている自分を感じとることができるのです。そのとき人びとは、個人は宇宙に浸透する霊的な働きの個的な現れにすぎない、と思えてきます。

以前申し上げたことですが、ダーウィン主義は、かつてエジプト人が神々を動物の姿で表したことの唯物論的に粗野化したものにすぎません。また、パラケルズス［一四九三―一五四一］を正しく理解するなら、その医療が古代エジプトの神殿で教えられたことの再現であることが分かります。

そこでパラケルズスをもっと考察しようと思います。彼は奇妙な言葉を残しています。パラケルズスを深く研究すると、彼が偉大な精神の持ち主であったことが分かりますが、その彼はこう言いました――「自分は多くのことの中で多くのことを学んだが、大学では一番学べなかった。むしろ諸国を遍歴することで、民族や古い伝統から多くを学ぶことができた」。

確かに私たちの民族の中にも、まだ深い真実が存在しているのですが、もはやその真実を理解する人はいなくなりました。しかし、パラケルズスは理解していたのです。

「深い医療上の真実を伝えている書物を発見した。それは聖書だ」、と彼は言いました。彼によれば、旧約だけでなく、本質的に新約聖書がそうだというのです。パラケルズスが何を発見したのかを知るには、聖書を読むしかありませんが、パラケルズスの医学について言えば、古代エジプトの医療の古い思い出が甦ったのです。彼はキリスト教の秘密である、上へ向かおうとする衝動を受けとりましたが、その結果、彼の著作は霊的な叡智に貫かれ、キリスト化されました。これは未来への歩みであり、現代の物質中心主義から立ち戻ろうとするすべての人のとるべき道でもあるのです。その道は、偉大な物質上の進歩を過小評価するのではなく、その進歩の中に霊的なものを流し込もうとする道なのです。

こんにち物質科学を研究し、物質科学の中に降りて、そこに没頭することで満足するのでなければ、その研究は神智学にとっても好ましいことです。唯物主義的な研究者からも多くを学べます。そこで学んだ事柄を神智学の思想と結びつけることができるからです。そして、すべてを霊的なものと結びつけることは、正しい意味でのキリスト教的な行為なのです。唯物科学を空想的な考え方だというのは、神智学を誹謗することと同じです。唯物科学は現実そのものの地盤の上にしっかりと立つことができます。高次の世界の図式的な記述に没頭しようとすることは、神智学の初歩にすぎません。神智学徒にとって、事柄を理解し、神智学の概念を丸暗記することが特別大切なのではありません。それだけではなく、高次の世界についての教えが人間の中で生産的になること、神智学の教えがすべての中で、日常生活の中で生かされることが大切なのです。

一般的な友愛を説くことが大切なのではありません。可能な限りそういうことは口にしないほうが一番いいのです。

そういう決まり文句を口にする人は、暖炉に向って、「愛する暖炉君、君の仕事は部屋を暖めることだ、この使命を実現したまえ」、と言うようなものです。

決まり文句による教えとは、そういうものです。大切なのは、手段です。部屋を暖めなさい、と言うだけでは、暖炉は冷たいままです。燃料を与えなければ、熱くなりません。人間も警告だけでは熱くなれません。現代人にとっての燃料は何でしょうか。霊的な教えの一つひとつの事実がその燃料なのです。安易な態度で、「一般的な友愛」に立ち止まっていてはいけません。燃料を人びとに提供しなければなりません。そうすればおのずと、友愛が生じます。植物が太陽に向かって花を開くように、私たちは皆霊的生活の太陽を仰ぎ見なければなりません。

大切なのは、今回私たちが見てきた事柄を理論として受けとるだけでなく、それを私たちの魂のエネルギーにすることなのです。今回学んだ事柄は、どんな人に対しても、実際生活上のどんな立場に対しても、為すべき何かを為そうとする衝動を与えてくれます。神智学を軽蔑した眼で見下そうとする人たちは、神智学の「空想的な」教えよりも自分のほうが上だと思い、神智学は「証明できない主張」を繰り返していると思い、事実に即すべきだ、と言います。

神智学徒が神智学の生き方によって力強くならず臆病になってしまったら、神智学を理解できるはずの人が全然理解できないのを見ても自信を失い、無気力な状態のままで迷ってしまうでしょう。そうなるのは容易です。

私たちの時代は、エジプト人が名づけた神々の名を見下して、「実体のない抽象」だと言います。しかし、現代人のほうがはるかに迷信深いのです。現代人は権威と認める別の神々にまったくすがっているからです。その前ではひざまずかなくてもいいので、自分がどれほどの迷信家か、気づいていないのです。

愛する皆さん、私たちはこうして一緒に集まることができたのですから、これから離ればなれになっていくとき、真理内容を持ち帰るだけでなく、全体の印象を、感じとった印象を持って帰るということを忘れないで下さい。この印象がもしも意志衝動を伴い、神智学を生活の中に取り入れようとし、何によっても迷わされまいと思えるようになれたら、一番いいのです。

よく聞かされるのは、こういう声です――「霊界を探求するというのか。ロッジに集まって、いろんな空想に耽っているというのに。時代をよく知っている者は、そんなことに関わり合うひまがない」。

神智学徒はしばしば、差別された階級の人たちと一緒に、無教養で学識がない、と思われています。そういう風潮に臆病であっていいのでしょうか。絶対に否です。過去にも同じようなことがありました。古代ローマ時代にも、初期のキリスト教は、まったく軽蔑された階級の人びとの下で広まったのです。私たちはこんにち、ローマ帝国が建立したコロッセウムに驚嘆の眼を向けます。しかし私たちは、その当時の上流階級の人びとに眼を向けることもできます。その人たちは円形競技場に坐して、キリスト教徒が中央広場で火刑に処せられるのを見物していたのです。そして、焼かれる人体の臭いが立ち昇らないように、乳香を焚いたのです

この軽蔑された人たちは、どんな人たちだったのでしょうか。この人たちはカタコンブに、地下の通路に住んでいました。広がりつつあるキリスト教をそこに隠さなければなりませんでした。地下で初期のキリスト者たちは自分たちの死者の墓の上に祭壇を立てました。そこに、この人たちのすばらしい記号が記され、そこが聖域だったのです。

こんにちローマのカタコンブに入って、地下の軽蔑されたローマを体験すると、奇妙な気分に襲われます。キリスト者たちは、何に耐えなければならないのか、よく分かっていました。キリスト衝動の萌芽は、軽蔑され、地下のカタコンブに閉じ込められていたのです。ローマ帝国からは何が残ったでしょうか。地上から姿を消してしまいました。しかし、カタコンブで生きていたものは、おもてに出て、称えられています。

こんにち霊的な世界観の担い手であろうとする人にも、初期のキリスト者の確かさを維持することができますように。神智学徒は同時代の学者からは軽蔑されるでしょうが、未来において花を咲かせるもののために働いていることを知っています。現代の一切のいやがらせに耐えられますように。私たちは未来へ向かって働いているのです。このことを謙虚に、確かさをも

って、おごることなく、時代の誤解にもめげずに、感じとることができますように。

こういう感情をもって、これまで学んできたことを受けとって下さい。それを力として持ち帰り、正しい意味で互いに友愛を失わずに生きていけますように！

『エジプトの神話と秘儀』を読む

町田にて

2003年 9 月 9 日

[講演]

高橋　巖

ギリシアのテキスト（『ギリシアの神話と秘儀』、シュタイナー・コレクション4『神々との出会い』筑摩書房所収）は、かなりすごいですね。あらためて先日、読み返してみて、またびっくりしてしまったのですけれども、なにか人智学の一番本質みたいなことが随所に出ていて、あの本一冊で全体の姿が見えるくらい徹底しているなと思って、さすがに当時の神智学協会の総会の席での講演にふさわしいと、あらためて思い知らされました。

ところが、あれをやり終わったあたりで、次にやることをいろいろ考えているなかで、これはどうしてもエジプトの神話を取り上げたいという気がしたのです。その理由はいくつかありまして、まず第一に、先回の連続講義に出ていましたように、ギリシア・ローマ時代というのは一連の文化期のちょうど真ん中に当たりますよね。シュタイナーが言うには、霊界から一番離れた時代で、純人間的なものが純粋に表現できた時代だという評価をしていました。ところが、現代のわれわれの時代というのは、それに比べると、もう少し霊界との関係が密接になってきていて、その密接度がエジプト期と非常に似ているものだから、現代人というのは、どこかでエジプトの時代にとても親和力を感じるのだ、というのですね。

それで実際、私の個人的な印象ですから当てになりませんけれども、小学校一年生くらいのときに新宿の駅を歩いていましたら、駅構内にピラミッドのポスターが貼ってあったのです。それで子供ごころに、その姿がどこかめちゃめちゃ神秘的で、身近で、いったいこれは何なのだろうと立ち止まって見惚れていたことがあります。まだエジプトとかピラミッドとかスフィンクスとかという言葉を知らなかった頃です。

もうちょっと一般的な話をしますと、これも古い話なのですけれども、戦後になりまして、日本人が自由に海外に行けるようになる少し前、小林秀雄たちが招待されてエジプトに旅行に行ったのですね。昭和二〇年代前半だったと思いますけれども、そのときの紀行文が新聞に載って、小林秀雄がピラミッドの前に立ち、「実にちょうどいい大きさだ」、と言ったのですね。大きすぎもしないし小さすぎもしない、要するにイメージしていた通りの大きさだと思ったのでしょうね。イメージ通りの大きさというのはどういう意味かよく分かりませんけれども、なにかやっぱり心の中のイメージと現実の中のイメージがピッタリ重なったのだろうと思います。なにか不思議に「エジプト」というと、心がときめくような感じがありますね。

それから文献的に、古代エジプトのことを教えてくれているものというと、何といってもギリシア時代の文献でしょうか。一番重要な文献というのは、歴史的にはヘロドトス、それから神話的には、今日持ってきたのですけれども、岩波文庫に入っているプルタルコスの『エジプト神イシスとオシリスの伝説について』という本で、この二つが文献的には重要ですよね。『エジプト神イシスとオシリスの伝説について』は、シュタイナーがこの本をずいぶん参考にしていまして、初期の論文で『キリスト教と古代秘儀』という本を書いていますが、古代秘儀に関する文献の非常に重要な部分は、これと、それからアプレイウスの『黄金のロバ』という、これも岩波文庫に入っていますけれども、この二冊を拠り所としているのですね。

それでこの本は、古代ギリシア、古代のエジプトについての報告では唯一と言っていいくらい神話について詳しいのです。もちろんヘロドトスも詳しいですけれども、プルタルコスというのは、彼自身、秘儀に参入した人ですし、晩年はデルフォイの神官を務めてもいて、秘儀の世界には非常に詳しく通じており、同時にギリシア神話がエジプト神話から来ているということを確信していた人なのですね。それはなぜかというと、プルタルコスはプラトン主義者なのです。プラトンの文献をよく研究し、言ってみれば、古代ギリシアのオカルト的な流れの代表的な立場の人なのです。有名な『英雄伝』もありますが、そこでは秘儀の側面について書かれています。

こういう本を読むとすぐに分かるように、ギリシア神話はエジプト神話からかなり影響を受けているのです。ですから、プラトンもプルタルコスも言っているように、オシリスはディオニュソスなのですね。そう秘儀の伝統では言われているわけです。流れがそういう形をとっているのですね。

その辺から、ギリシアのことを少し知ったので、その関連でエジプトを知ると、エジプトのことがもっと深く掘り下げられるということと、もうひとつは、シュタイナーが言っているように、現代という時代を知ろうと思ったら、エジプトの時代を知ることがとても大事だというのです。それが今回のテキストのテーマなのです。だから、対象はエジプトですけれども、シュタイナーの眼は現代にも向いていて、いわゆる第三後アトランティス文化期と現代の第五後アトランティス文化期との関連を論じるという形をとっているのです。その辺が今回の大事なテーマになります。

エジプトの文化そのものはすごくおもしろくて、古代エジプトの神殿が現在残っている、その代表的な場所として、ルクソールという所がありますね。カイロから飛行機で行ったり、船で行ったり。イギリスの推理作家アガサ・クリスティの『ナイル殺人事件』の舞台がルクソールなのです。映画で見てもルクソールの神殿が出てきますね。

神殿に行ってみますと、正面の入口の門が非常に狭く作られているのですね。ちょうど茶室の躙口《にじりぐち》みたいに狭くなっています。中に入ると広い広間があって、さらに進むと、柱だけが森のように立ち並んでいる列柱の間《ま》があります。さらに進んで行くと、一番奥に至聖所という、背の高い場所があって、そこに神様の像が乗せられているのですけれども、そこに行くにしたがって、だんだん狭くなっていくのです。それで最後の至聖所は一番狭いのですけれども、その空間の構成の仕方というのは、本当になにか神秘体験そのものを空間的に映し出しているという感があって、ちょっとエジプトというのはすごい文化だなと思うのです。だから現代もいろんな冒険家たちが、エジプトに自分たちの魂の故郷を見出すような感じで、探検したり研究したりということをよくなさっていますよね。

真偽のほどはよく知りませんけれども、最近よく出ているグラハム・ハンコックの一連の本の中で、やっぱりエジプトのことがずいぶん取り上げられていて、ハンコックによると、ピラミッドやスフィンクスが造られたのは、紀元前二万年頃ではないか、と。ピラミッドやスフィンクスの地面に近いところを調べると、大洪水の跡のようなものが残っている、と見ているのです。だから、紀元前四千年とか三千年期に造られたという説は新しすぎるのではないか。まだまだ謎めいている話がエジプトを取り巻いていると思います。

今回は、シュタイナーがそのエジプトをどのように見ているのかという問題を考えてみたいと思うのです。とりあえず参考文献としては、先に取り上げたヘロドトスやプルタルコスの文献は、両方とも岩波文庫で入っていますし、図書館にはだいたいあると思いますので、よかったら読んでみて下さい。そのつど必要なところは、ここでも取り上げるつもりです。

目次の内容は私が作ったものではなく、原文を訳したもので、どういうふうになっていくか分かりませんが、そこにはだいたい重要な内容がまとめられていると思いますので、まずはちょっと目を通しておきます。全部で十二講あります。

第一講は先程言いました、「エジプト＝カルデア期」とシュタイナーがいう、要するに「古代オリエント」と言われている「第三文化期と現代との深い外的、内的な関連」です。

第二講は、「地球の生成／原子の発生／地球紀の時代区分と文化周期／宗教思想に反映された宇宙の出来事」とあって、ここでシュタイナーの時代区分の全体像がまとめられて紹介されています。「第三文化期とは何か」とか、「現代がなぜ「第五文化期」というのか」とか、それから「神話の中にどれほど宇宙的な出来事が反映されているのか」とか、そういう基本的な問題点がまとめられています。

第三講は、「アトランティス末期の人類と後アトランティス期の人類／古い秘儀の場／瞑想内容としての人体形姿」。シュタイナーは人間のからだというものが、歴史を解く謎の鍵を提供しているので、人体を知ることが歴史を知るということに通じる、という観点をもっていますよね。そういう展開になります。人間のからだがいつどのようにして作られていくのか、という問題が出てきます。

それから第四講、「聖仙は秘儀の場で原始の地球の状況をイメージさせる／惑星の秘密／形と音と言葉による霊界体験／原言語が物質界にまで下りる」というところで、ここまでが一般的な、人智学の入門的な話をしているのです。

冒頭の「聖仙」というのは、「リシ」というインドの宗教によく出てくる言葉で、シュタイナーによると、アトランティス大陸が没落したときに、そのアトランティス大陸の叡智を後世に伝える一番重要な役割を演じた人物たちが七人いて、その七人の人物を「七聖仙」と呼ぶというふうに、いろいろなところで述べていまして、いわゆる後アトランティス期の文化を作ったのが聖仙たちだという観点です。だからアトランティス時代が終わって、大きな意味での今の時代に入ってきたとき、最初の偉大な秘儀参入者のことを「聖仙」と称しているのです。シュタイナーは「インド文化期」と言っていますけれども。

ここでは、その聖仙の話から始まって、ロゴスとは何かということを、それと結びつけて述べています。「ロゴス」というのは、カタチでもあれば、音でもあれば、コトバでもあって、目の前にある三角形とか丸とかというカタチだけではなくて、石とか、あるいは樹木とか、山、川、湖とか、そういうカタチとして存在しているものはすべてロゴス、コトバだという観点です。音も同じで、雷の音、風の音から始まって、木々のざわめきもそうですし、人間の発する音声、動物たちの発する音声、あるいは人間が作りだした歌や音楽、そういうものはすべてロゴスだ、という観点です。

そのロゴスを、人間が喉と口を通して人間のロゴス、人間の言語に作り上げた、という感じですね。それが第四講の最後に書いてあるように、宇宙にもともとコトバがあって、そのコトバが物質界に降りてきて、人間が言語を作るようになったという、その流れが第四講です。

それで第五講になってくると、「オシリス神話」のことが出てきます。「太陽と月と地球の三位一体化／音の形成力／オシリスとテュフォン」。

第六講、「オシリスとイシスの働き［その子供である太陽神］／ホルスは未来の地球人の創造者／オカルト生理学とオカルト解剖学」から見たエジプト神話ということですね。

第七講は、「宇宙の出来事がエジプト神話にどう表現されているか」ということを、続けて述べています。地球から月が離れたときまでの人体がどういうものだったのか。月の光というものは、いったいどういう力をもっているのか。そして、「人間の上半身を形成するオシリスとイシス」、ギリシアにおける「アポロの竪琴」、ライアー。

第八講、「人体形姿の発達は黄道十二宮を通る太陽の運行に従っている／動物性の排出／月の力の作用／人間類型の四分化／神話による現実の表現」。

ここでは、先ほど言いました人体のカタチの謎ですね。それがあらためてエジプトとの関連で述べられていて、人体形姿の発達は、つまり現在のわれわれのからだというのは、もともとあったものではなく、長い進化の過程でつくられてきたわけですから、その人体形姿の発達は黄道十二宮を通る太陽の運行に従っている。それで、人体の中から動物性が一つひとつ切り離されていくという過程、そして月の作用がそこにどういう影響を与えているか。それからスフィンクスの神話を通して、人間の類型に四つの類型があるという話ですね。

これが後に四つの福音書のシンボル、四つの聖なる獣の神話として残るわけです。翼を持った鷲と、生産力のある牡牛と、意志の力をあらわしている獅子、それから天から下りてくる人間の原型である人間、あるいは天使、その四つを人間類型の四分化と呼ぶのですけれども、それがエジプトのときに、神話を通してどういうふうに作られてきたのか。

第九講は、「太陽の霊と月の霊／オシリスとイシス［これを対比しているわけですけれども］／知覚の変化と意識状態の変化／文化による物質界の征服」。古代エジプトになって、人間というのは、非常に意識的に文化による物質界の征服に立ち向かうわけですね。

第三後アトランティス文化期と現代との共通点というのは、巨大な建造物を造るというところに共通点があると、シュタイナーは見ているのですけれども、その物質文明をつくろうとする衝動の始まりのような。

さらに、「人間は自分自身を通して霊を物質界に組み込む／キリスト衝動はもっとも物質化された時点に生じる［人間の手では物質から離れられなくなった時点で、キリスト衝動が働く］／人間が霊界への道を辿りなおせるように、神が人間に受肉する」。キリスト衝動のことを述べています。

そして、第十講、「昔の伝説は死から新しい誕生までの［つまり死後の世界での］霊界体験を［昔の神話は］示している／人間の霊的意識の暗黒化／霊的な死［これは現代のことですね］／秘儀参入による霊的意識の目覚め［人間が霊的意識を曇らせる状況になってきたとき初めて、「秘儀」という新しい宗教文化が起こって、いわば具体的な道を示すことで霊界との関係を取り戻そうとする、そういうことを秘儀参入と呼ぶわけですけれども、どんな国にもそれぞれの秘儀参入があるということですね。それでヨーロッパの秘儀参入の流れはエジプトから来ているわけです］／キリストによる救済／秘儀参入者はキリストの先駆者／エジプト秘儀の弟子は影像を通して自我の進化を学ぶ／この影像がギリシア神話に伝わる」。

第十一講、「エジプト秘儀は見霊器官をアストラル体に植えつけ、三日半の仮死状態でさらにエーテル体に刻印づける／エジプト秘儀の導師の霊的器官／死者にとってのキリスト」というところで、エジプトの秘儀についての具体的な内容を述べています。この辺の内容は先ほど言いました、『黄金のロバ』という本に詳しく出ている、そのイシスの秘儀。そういう問題をここで取り上げているわけです。

最後の第十二講、「ギリシア美術の霊的表現／物質を克服するキリスト衝動／集合魂の克服／エジプトにおける父の道と神の道／エジプトの民族魂イシス／イシスとオシリスの息子ファラオ／二四人の死者審判／遺伝は物質界で養われる／エジプト人の死後の体験が現代に甦る」。

このように目次は、内容について述べていますけれども、ここに示されていない事柄もいろいろと書かれてあります。

今回も、できたらこのシュタイナーの講義の中にある、シュタイナー自身の内面の動きなどを探ってみたいと思うのですね。どういう気持ちで、シュタイナーはこのとき、こういう言葉を発したのか。本当は何を語りたくて、こういうことを挿入したのか。いろんなシュタイナー自身の内面が垣間見られるような内容になっています。

では、さっそく第一講から始めましょうか。

『エジプトの神話と秘儀』第一講　ライプツィヒ　一九〇八年九月二日

九月二日という日付での講義なので、ちょうどいいですね。あと五年経つと百年前ということになるのですよね。目次の「第三文化期との深い外的、内的な関連」です。

神智学は人間にとって何なのでしょうか。

私は原則として一九一一年までのシュタイナーの講演録を訳すときには、テキストに出てくる「霊学」という言葉とか「人智学」という言葉とかは、「神智学」という言葉に戻して訳していています。なぜかというと、シュタイナー自身、はっきりとこの場所で「神智学」と語っているのですけれども、当時の状況からして、そういうふうに語れなくなったものですから、出版するときにシュタイナーが「神智学」と語っている部分をみんな「人智学」に書き直したり、「人智学」で都合が悪いときは「霊学」という言葉にしているので、シュタイナー自身の元の響きをそのまま受け取らないと内容が通じないことがいっぱい出てくるものですから、それでたぶん「シュタイナーの言った通り「神智学」に戻して訳してあるのです。だから今出ている本には、「霊学は人間にとって何なのでしょうか」となっているはずですけれども、「神智学は人間にとって何なのでしょうか」としています。

私たちがこの分野で養ってきたさまざまな感情によってそれに答えるなら、こう言えるでしょう――「神智学は私たちの人間性、私たちの内なる人間本性を発達させる道である」と。

この最初の三行はとても重要でして、この講義は一九〇八年ですよね。一九〇八年のシュタイナーは、いつでも冒頭に、「私たちが数年かけてやってきた、その勉強の上に立ってみればですけれども、一九〇八年までは必ずそう加えるのです。一九一〇年くらいになると、もう言わなくなるの…」、という言葉を必ずつけているのです。一九一〇年くらいになると、もう言わなくなるの

というのは、シュタイナーが自分の経歴を全部捨てて、言ってみれば、一介の神智学協会のメンバーになり、ドイツ支部の事務総長になり、というところから、一種の捨て身で働きましたよね。それまでの輝かしい経歴を全部捨てちゃったわけです。ですから、一九〇二年、〇三年あたりから、この〇八年ぐらいまでの約五年間、シュタイナーは一生懸命、大事なことを伝えてきたのですね。

それが冒頭の「神智学は…」という言葉なものですから、これは絶対に「神智学」でないと気持ちが伝わらないのです。それで「私たちは」というのは、もちろん「神智学協会の私たちは」という意味なのです。そうすると、「神智学は私たちの人間性、私たちの内なる人間本性を発達させる道である」ということができるだろう。

これはもちろん「人智学」にも通じることで、何で人智学なのですか、という問いに対し、シュタイナーは、「自分の人間性、自分の内なる人間本性を発達させるためです」という答えが、まず出てくるのですね。続いてこうなります。

こういう言い方は、真剣に考え、真剣に感じるすべての人の当然の生活目標を述べたに

すぎません。

これは神智学に限りません。真剣に生きようとする人はみんなそうでしょう、と書いてあります。

最高の理想を達成しようとし、私たちの魂のもっとも重要な力を発達させようと願うときの生活目標を、です［生活目標を述べたにすぎません］。すべての時代の最良の人たちは、いつもこう自問してきたのです――「どうすれば自分の内にある素質を発達させることができるのか」。その答えは、いろいろな仕方で与えられてきました。しかし、ゲーテが詩「秘密」の中で与えた、深い思いのこもった言葉以上に簡潔で明瞭な答えは見出せないでしょう。

自分に打ち克つ人だけが
すべての存在を拘束する暴力から
自己を解放する。

この言葉の中には、極めて多くの、極めて深い意味が込められています。なぜなら、すべての進化を可能にするものがはっきりと語られているのですから。人は自分を乗り超えていくとき初めて、内なる思いを進化させることができるのです。自分に打ち克つときにです。自分を克服する魂は、自分を超えていく道を見出します。そして、それによって人類の至高の財宝を手に入れるのです。

シュタイナーの本来のモットーである「人間よ、汝自身を知れ」という考え方からすると、自己認識は二つあるのです。ふつうわれわれが「自己認識」というと、生活が忙しかったり、食うことに追われたり、過大な仕事を全部やり遂げなければいけないということで大変だったりということで、自分を失ってしまっているということが現状なものだから、毎日毎日外からくる課題に応えることだけでどんどん日が経っていく、年月が経っていくということで、自分が取り戻せないものだから、自己認識というのは第一に自己確認から始まるのですけれども、シュタイナーはここで「自己確認ではない」と言っているのですね。

自己確認ではなくて、人智学、神智学が目指すものは何かというと、ゲーテの言葉に出てくるように、「自分をどう克服するかということなのだ」、というのです。これはよくご存知の、ニーチェの『ツァラトゥストラ』で「超人」ということをニーチェが「超人とは自分を乗り超えていくもののことだ」と言っている、あの「超人」のことです。超人というのは自分を克服する者のこと。自己確認というのは、アイデンティティですから、自分が自分であるということを確認する。黒人運動でアイデンティティというと、黒人が白人の文化の中で我を忘れてしまっているときに、自分たちが黒人だという自己確認をするというとき、アイデンティティという言葉を使いますよね。黒人が黒人であるということを確認するだけだと、ここに書いてあるように、自分の中の潜在的な能力だとか、ここに書いてある素質とか、どうすれば自分の内にある素質を発達させることができるのか、この課題に応えることにならない、というのですね。この課題に応えようとしたら、今の自分を否定するしかなくて、それは第二の自己認識なのだというふうに述べています。

ところが、そう言うことは容易《たやす》いけれども、自己克服ということを具体的に自分の問題にすると、これはめちゃめちゃ大変なのですよね。その場合、何を求められているかというと、自己克服は大変だと思うことが求められているのではなくて、どんな小さなことでもいいので、明日になって今日を振り返ってみたときに、「明日のほうが今日よりもどこか違っている」と思えれば、自己克服なのですね。だから去年の自分と今の自分とを振り返ったときに、今の自分のほうが去年の自分よりも、どんなにわずかでも若干違っているという手応えがあったときが、シュタイナーのいう「自己認識」なのです。二番目の自己克服なのですね。だから、どんなことでもいいのですよね。

例えば、毎日ランニングをして、二分間で息が切れた人が、一年経ったら五分間息が切れなくなったというのはすごい自己克服だし、初めピアノを両手では全然弾けなかったのが、一年経ったらバイエルの半分くらいまで来て、ともかく両手が動くようになったというのもすごい自己克服だし、全然言葉ができなかったのが、英語の勉強をして、英語が少し分かるようになったというのも自己克服だし、そういうことで、ここで言う「自分の内にある」、まだ表に出ていない素質を発達させるということになるのです。

それでシュタイナーの立場は、テンポがどんなに遅くてもいいのです。遅々として進まなくてもいいのだけれども、「動いている」という実感があれば腐らない、というのですね。でも動かないと腐る。「腐る」というのは「退く」「退歩する」ということだから、動かないということは退歩しているということだ。どんなにかすかでも動いているということは先へ進むということだ、というのです。

だからそういう意味では「自己克服」というのは、言葉を聞いたときのように、何かとても難しいというふうに思わないで、要するに以前の自分と現在の自分と比べたときに、どこかが違っていると思えるかどうかだ、と思って下さい。どんなにわずかでもいいのです。何もしないと、気がついたときには腐っていくという、そういう発想なのですね。篠田節子さんの随筆に、「歳を取るということは、バイエルがツェルニーに変わったということです」とあって、それはすごく単純な発想ですけれども、そういうことを言いたいのです。

ゲーテの言葉、さすがにシュタイナーはすごく良い言葉を紹介してくれていると思いますけれども、この「秘密」というゲーテの詩は、やはり岩波文庫に翻訳が出ています。片山敏彦さんの訳だったでしょうか。ゲーテ詩集は四分冊で出ていて、その最後のほうに長編の二巻の詩ですけれども、「秘密」というのがあって、シュタイナーは薔薇十字の内容が「秘密」という言葉で出ているのだと言っていますけれども、その長い詩の中で、自分に打ち克つ人だけが、すべての存在を拘束する暴力――病気になるとか、歳をとるとか、あるいは地震、火事、暴風雨、その他の天災に遭うとか、交通事故に遭うとか、そういうことを「すべての存在を拘束する暴力」と言っているのですが――、そういうどうしようもない暴力から自己を解放する。自分に打ち克つ人だけが年齢という暴力から、自己を解放する。自分に打ち克つ人だけが、病気という暴力から自己を解放する。自分に打ち克つ人だけが、人間関係という暴力から自己を解放する。いろんなふうに使える言葉ですけれども、「自分に打ち克つ人だけ」という言い方がゲーテらしいと思います。

シュタイナーはこのことを冒頭に、神智学の目的として最初に述べています。今の最後の言葉ですね。

自分を克服する魂は、自分を超えていく道を見出します。そして、それによって人類の至高の財宝を手に入れるのです。

これはまさにツァラトゥストラそのものですよね。「自分を超えていく道を見出します」。

そして、それによって人類の至高の財宝を手に入れるのです。

今回のようなテーマを問題にするとき、神智学のこの聖なる目標に思いを寄せることが大切なのではないでしょうか。そのときの私たちは、日常の地平から高次の課題に導かれるのです。古代エジプトから現代にまたがる時期を対象にするのですから、遥かに広がる時の流れを展望しなければなりません。数千年にわたる時の流れを展望しなければならないのです。しかも、これから私たちが獲得しようとするのは、私たちのもっとも深刻な魂の問題に関わる事柄なのです。私たちの魂の内奥に関わる事柄なのです。

ここでもシュタイナーの思いがすごくストレートに伝わってきますよね。「エジプトの神話と秘儀」というようなテーマを問題にするときには、神智学のこの聖なる目標をどうしても思い出したくなる、と最初に言っています。この課題を意識しているときに、「日常の地平から高次の課題に導かれるのです」。

これはいつもシュタイナーが言っていることなので、この自己確認のことをシュタイナーは「日常」と言っています。「自己克服」のことを「非日常」と言っています。どんな人も、日常生活の中で非日常をどこかで求めているわけですよね。その「非日常」の特徴は、直接自分の利害関係と関係がないということなのです。

例えば、阪神ファンが道頓堀川に飛び込むときに、自分の利害関係と結びつかないのに飛び込むでしょう？　でも、あれは大変な非日常ですよね。大腸菌がうようよしているところに飛び込んでいるので、日常の意識では考えられませんけれども、非日常だから飛び込めるわけです。そういう非日常をみんなどこかで抱えていますよね。その部分のことを「自己克服」と呼んでいるのは、シュタイナーの特徴なのです。どこかで非日常をもっている。その非日常をここでは、高次の課題と呼んでいるのですね。日常の課題から高次の課題に導かれる。「日常の地平から高次の課題に導かれる」。

だから、この「高次の課題」は、どんなことでもいいということを、ぜひ考えておいて下さい。パチンコでもいいし、野球やサッカーのファンになることでもいいし、お酒を飲むことでもいいし、あるいは冒険家になって、エベレストかどこかに登るのでもいいし、エベレストが大変だったら、奥多摩の山に登るのでも何でもいいわけなのです。そういう「高次の課題」とここで言っていることが、エジプトを考えるときの大事な思いになる。神智学のこの聖なる目標に思いを寄せることが大事なのだ、というのです。

まず古代エジプトから現代にまたがる時期を問題にするので、ふつうの人だったら、「そんなことをやっていったいどんな利益が出てくるのですか」と言いたくなりますよね。「古代エジプトから現代まで分かったからといって、どんな就職試験に有利になりますか」と言ったら、まさに日常ですけれども、その膨大な時の流れに心ワクワクするのだったら、非日常だというのです。だから、古代エジプトから現代にまたがる時期を対象にするのですから、「遥かに広がる時の流れを展望しなければなりません」。しかもそれが、「私たちのもっとも深刻な魂の問題に関わる」と言っています。

しかも、これから私たちが獲得しようとするのは、私たちのもっとも深刻な魂の問題に関わる事柄なのです。私たちの魂の内奥に関わる事柄なのです。

ずいぶんはっきり言っています。

そこで、直接関係ないのですけれども、聞いていただきたい話があって、昔、私が二〇代のころに、不思議な人物と出会ったのですね。菊池豊さんという方ですけれども。その人物と出会ったいきさつは、前にもお話ししたことがあると思うのですけれども、あるとき新宿の喫茶店に行ったところ、そこに張り紙がしてあって、「軽井沢に行く人は申し入れて下さい」と書いてあった。「来週、行きます」と申し出たら、「じゃあ、ここに行ってください」と紙を渡されたところが、菊池豊さんという方の別荘だったのです。

すごく立派な別荘で、びっくりしたのですけれども、そこにタダで一週間くらい泊めてもらったのです。それで毎日一緒に食事をして、食事が終わると菊池豊さんから、神秘学の、オカルティズムの手ほどきを受けたのですね。タダですからこんなに贅沢なことはないわけです。軽井沢の一等地ですし、お料理は美味しいし、いったい何なのだろうと思って、その一週間というもの、なにかキツネにつままれたような夢見心地だった…。その方が不思議な方で、言語学者だったのです。

それでどういう言語学かというと、日本と古代エジプトとの関係を言語学から明らかにしようという、そういう課題をもっていつも研究されていた方なのです。絵がものすごくお上手で、そして、家の広い庭で、毎晩毎晩フォークダンスのパーティをやっていたのですね。それでフォークダンスなんてまだ走りのころですからね。ゾロゾロ集まってきて、みんなでフォークダンスをやるんですけれども、「オクラホマ」とかいう曲がありますよね。それを指導してくれるのが三笠宮崇仁親王だったのです。三笠宮は歴史学者でもあって、あの『エジプト神イシスとオシリスの伝説について』の訳者が解説で、エジプトの宗教や神々についての親切な入門書として挙げている『古代エジプトの神々』（日本放送協会出版）という著作があります。
そういう方がいて、晩年、ずっとエジプトと、それから古事記や日本書紀の神話との関係を研究していて、『ナイルより邪馬台国まで』（アポロン新書）という本を書かれて亡くなられた方なのですけれども、その人と話をしていても、やはり古代エジプトへの思いというのがすごくて、毎日毎日『死者の書』を読んでいました。
不思議な縁なものですから、ちょっと申し上げました。現代の日本人に限らず、無条件にエジプトに惹かれるという感じが、どこかである気がするのです。

シュタイナーのエジプト講義に戻って、その次も、とても大事なことを言っています。

人生の高みをめざして歩む人は直接の人生から遊離してしまう、というのは、見せかけにすぎません。毎日毎時間、私たちが日頃、心にかけている事柄を理解するにも、まさに人生の高みをめざすことが必要なのです。私たちはつらい日常から離れて、世界史、民族史の大きな出来事に眼を向けるとき、そのとき初めて、魂の内なる至聖の部分が見えてくるのです。古代エジプトというあの圧倒的なピラミッドやスフィンクスの時代と現在の私たちの時代との間の内密な関係を認識すべきであると言われると、びっくりなさるかもしれません。古代エジプトにまで眼を向けると、私たちの時代がより一層理解できるというのは、はじめは奇妙な主張だと思えます。けれども私たちは、もっともっと遠い過去にまで眼を向けなければならないのです。まさにそうすることが、私たちの願い、私たち自身を超えていく可能性を見出したいという願いをかなえてくれるのです。

神智学の基本概念と真剣に取り組んだことのある人なら、遠く離れた時代と時代との間に関連を見出そうとすることに異和感をもつことはないと思います。なぜなら人間の魂が繰り返して地上に戻ってくるということ、地上での体験は何度でも繰り返されるということは、私たちの根本的な確信なのですから。転生の教えは、私たちにとってますます信頼できるものになったのです。このことを考えれば、こう問うことができるはずです――「現在、私たちの中に住んでいるこの魂たちは、すでに何度も地上にいたのだ。その魂たちがかつて古代のエジプト文化期にも生きていた可能性は否定できないのではないだろうか。その当時、巨大なピラミッドや謎めいたスフィンクスを見上げた同じ魂が、今私たちの中に生きている、という可能性はないのだろうか」。

この問いは肯定されねばなりません。かつて私たちの中にあったイメージが、今新たに甦ったのです。かつて古代の文化記念碑を見上げたときと同じ私たちの魂が、こんにち同じ記念碑の前にふたたび立つのです。同じ魂が、当時も生きていたし、後世を生きぬいて、今ふたたび私たちの魂となって現れているのです。ですからどんな人生も、実りをもたらさないことはないのです。どんな体験、経験も、魂の中に留まり続け、そして力強い形態となって、気質となって、能力や素質となって、ふたたび現れてくるのです。

ここまで読んでひとつ分かったことがありますよね。それは何かというと、二つの「自己克服」というのは、これは過去の甦りということと同じだと言っているのです。先ほど阪神ファンになることでもいいし、お酒を飲むことでもいいと言いましたけれども、阪神ファンになることもお酒を飲むことも、太古の記憶の甦りだというのです。それが大事なのです。自己克服というと、どちらかというと未来を向いていますよね。でも、未来を向くということと、過去を甦らせるということが同じだという発想なのです。これは鈴木大拙が『日本的霊性』の中で言っているのですけれども、こういう膨大な円を描いているのです。これを口にして、こんなふうになると、蛇になります（黒板に描く）。これは「ウロボロスの蛇」というのですよね。尻尾をくわえた蛇のことを。これは時間が円環しているということのシンボルで、蛇が尻尾をくわえている図なのです。

だから今をどこにとっていいのか分かりませんけれども、この辺が今だとします。こういうふうに時が流れていくものですから、こういう風に、どんどんどんどん時が永遠に経っていって、ここに来ると今になるという、こういう発想のことを「永劫回帰」というのです。永遠がまた戻ってくるというのですね。永劫回帰の思想のすごいところは何かというと、未来と過去が実は同じものだということなのです。

このことを最初に哲学の中心問題に据えた人がプラトンなのですね。プラトンが『メノン』とか『パイドロス』とかという対話篇の中で、「学ぶというのは思い出すということである」ということをはっきりと言ったのです。新しいことを学んでいるつもりになっているけれども、それは実は思い出していることなのだ、と。これがプラトン哲学の根本的な発想なのですね。

それを考えると、ニーチェの永劫回帰もプラトン主義だということがすぐに分かりますよね。『ツァラトゥストラ』もそのことを言いたくて、それがツァラトゥストラの一番の悟りなのです。『ツァラトゥストラ』は、ニーチェという現代人が現代の時点で、同じアイデア、同じ体験をしたということです。ニーチェの一番大事な思想をツァラトゥストラに託して語っているのですね。

プラトンは時間論についてはいろいろなことを言っていますけれども、一番大事なのは、ピタゴラスの教えを学んでいるものですから、ピタゴラス同様「人間というのは生まれ変わる」とはっきり言っているのです。このことは、時が大きく円を成して回転するという発想がないと出てこないことですから、プラトンは明らかに永劫回帰説なのですよね。それでニーチェは現代人として、ニーチェ流の永劫回帰説というのを唱えている、プラトンと直接関係はないけれども。でも、ニーチェはプラトンで育った人ですから、もちろんプラトンのことは全部知っているわけです。シュタイナーも同じ立場だというのも分かりますよね。ここで、なぜわれわれがエジプトに惹かれるのかというと、われわれ一人ひとりの中の魂がかつてエジプトでピラミッドを見たからだ、と書いています。これはプラトンの想起説と同じですよね。思い出す、想起です。

今のところ最後の行に――

どんな人生も、実りをもたらさないことはないのです。

今のこの世を生きたということ自体が、大変なことなのだ、というのです。

次に行きます。

ですから、今私たちが自然を見る見方、時代の所産を受けとる受けとり方、世界を見つめる見つめ方は、古代エジプトにおいて、ピラミッドの国において植えつけられたのです。

今、私たちが物質界に眼を向けるときの態度は、当時そのように用意されたのです。私たちの魂が古代エジプトに生きていたのだ、と言っています。

遠く離れた時代と時代とがどんなに秘密に充ちた仕方で結びついているか、そのことを今回究明してみたいと思います。

この連続講義の深い意味を知るには、地球紀の進化を遥か遠くまで遡っていかなければなりません。私たちの地球は何度も変化を遂げてきました。古代エジプト以前にも、別の諸文化が先行していました。オカルト的に探求すれば、さらにもっと遠くの過去をも、人類の薄闇の時代にまで眼を向けることができます。

その頃の地球は、現在とはまったく違った様子をしていました。アジアもアフリカも、まったく違った様子をしていました。見霊的に太古の時代を見ると、水力による大破局が地球上に生じて、地球の顔を根本的に変えてしまったことが分かります。さらにもっと遠い過去へ遡りますと、地球がまったく別の相貌をもった時代に到ります。こんにちヨーロッパとアメリカの間に横たわる大西洋の地盤が隆起して、陸地になっていた時代に到ります。当時の私たちの魂は、今とはまったく違う身体の中で生きていました。それは古アトランティス時代のことですが、この太古の時代について、外的な科学は今のところまだあまり情報を伝えることができずにいます。

次いで大変な水害による破局がアトランティスの国々を破滅に導きました。当時、人びとのからだは、別の形をしており、後になって今の姿に変わったのです。しかし、現在の私たちの中に住んでいる魂は、太古のアトランティス人の中にも住んでいました。当時も私たちの魂が存在していたのです。

次いで水の破局がアトランティス諸民族を内的に衝き動かして、西から東への大移動を生じさせました。この諸民族とは、私たち自身のことです。私たち自身が、アトランティス期の末期に、西から東へ、アイルランド、スコットランド、オランダ、フランス、スペインを通って移動していったのです。こうしてアトランティス諸民族は東方へ向かい、ヨーロッパ、アジア、北アフリカに居を定めました。

さて、西方からの民族大移動の頃、アジア、ヨーロッパ、アフリカの諸地域に先住民がいなかったと思ってはなりません。ヨーロッパのほとんど全土、アフリカの北部、アジアの大部分には、当時すでに人びとが生活していました。これらの地方には、西方から人びとが移住してきただけでなく、もっと以前にも移住してきた人びとがいたのです。先住民たちの大半も異国から移ってきた人たちだったのです。

平和な時代が到来したとき、特別の文化状況が始まりました。例えば、アイルランドの近辺には、大破局以前から地上の人類全体の中のもっとも進歩した人びとが住んでいましたが、この人びとは、偉大な人物たちの指導の下に、ヨーロッパを通って、中央アジアにまで到り、そこからさまざまな地方へ送り込まれました。そういう居留民がインドにも送られ、その地に太古より居住していた先住民と出会いました。この先住民は独自の文化をもっていました。新しく送られてきた居留民たちはその既存の文化のすべてを否定したわけではなかったので、当初の後アトランティス文化がそこに誕生しました。それは外的な資料が伝える時代よりも何千年も古い文化でした。外的な資料は、その数千年後のものです。

私たちが「ヴェーダ集」と呼ぶ、あの偉大な叡智の宝庫は、超地上的存在たちに導かれ、聖仙たちに創始された、非常に古いインド文化の最後の余韻のようなものです。ですからこの余韻からでは、かけがえのないその文化のごく僅かしかイメージできないのです。ヴェーダは、あの太古の聖なるインド文化の残照にすぎないのですから。

ここに書いてあるように、シュタイナーはいつもヨーロッパから見ているのですよね。シュタイナー自身、はっきりとヨーロッパ文化の再興を願っていた人ですから、おのずと視点はそうなるのです。でも、かりに自分が東洋に生まれついたら全然別な人智学を立てたろうというようなことも言っている人ですから。例えば、シュタイナーが中国人として生まれたとしたら、中国の眼で世界を見ようとしたに違いないですよね。

そういう点でアジアを見ると、地図を見るとすぐに分かるように、ヨーロッパというのは、アジアの中のひとつの半島です。シュタイナー自身もよくアジア大陸、ヨーロッパ半島という言い方をしているのですけれども、ヨーロッパというのは半島ですよね。中心にアジアという大陸があって、その一部分にヨーロッパがあるのですけれども、シュタイナーの歴史観ですと、そのヨーロッパに最初にアトランティス没落後の、アトランティス文化が伝わったと考えているのです。たぶんアメリカにも伝わったのでしょうけれども、アメリカのことはほとんど触れていません。

東方へ東方へと、アトランティス文化が流れて行ったので、初めにヨーロッパにそのアトランティス文化が残った。そのアトランティス文化がその後限りなく東方へと伝わっていって、それでインドで落ち着いたときに初めて、アトランティスのあとの最初の文化がインドで起こった、という発想です。それでいったんインドで文化が起こると、今度はその文化の伝播が逆に東から西へ西へと流れていくという、そういう考え方をしているのです。

もうちょっと先へ行きます。

この文化のあとに、後アトランティス時代の第二文化期が来ます。ツァラトゥストラの叡智の源流であるこの文化から、ペルシア文化が生じました。インド文化は長く続き、ペルシア文化も長く続きました。この文化のいわば総決算をしたのが、ツァラトゥストラ［ゾロアスター］です。次いで、ふたたびナイル河地域に送られた居留民［アトランティス居留民ですね］の影響の下に、新しい文化が生じました。この文化はカルデア＝エジプト＝アッシリア＝バビロニアという四つの名前でまとめることができます。西南アジアとアフリカ北部とで、後アトランティス期の第三の文化が形成されました。この文化は、一方ではカルデアの天文学、カルデアの星の叡智と、他方ではエジプト文化において頂点に達しました。

次いで南ヨーロッパで発達した第四期が来ます。これはギリシア＝ラテン文化の時代で、その朝焼けはホメロスの詩歌の中に現れています。この文化を代表するものは、ギリシア彫刻とアイスキュロスやソポクレスの悲劇を生んだ文芸です。ローマ文化もその一部です。この文化期は、ほぼ前八世紀、前七四七年に始まり、一四～一五世紀、キリスト生誕後一四一三年まで続きました。

次いで私たちの時代である第五期になります。この文化期の後、第六、第七文化期が続きます。そして第七文化期に、古インド文化が新しい形で甦えるでしょう。

すばらしい諸力がこれらの文化期を貫いて働いて、さまざまな文化期を互いに関連づけています。このことを私たちに理解させるひとつの特別な法則があるのです。最初のインド文化期は、ずっとあとになって、最後の第七文化期に新しい姿で甦えるのです。そこにはまったく神秘的な諸力が作用しています。

そして、第二のペルシア文化期は、第六文化期にふたたび現れます。私たちの文化が没落してしまったあとで、第六期の文化の中にツァラトゥストラ宗教が甦えるのです。そして、今回の連続講義で述べるように、私たちは第五文化期において、第三のエジプト期の一種の甦りを体験しているのです。第四文化期は、ちょうど中間に位置して、独立しており、以前にも以後にも同じものをもっていません。

この神秘的な法則を理解するために、まず第一文化期と第七文化期との関連を考えてみましょう。――インドの文化には、現代人のヒューマニズム意識に異和感をもたせるようなところがあります。すなわちカースト制度の存在です。人間が祭司カースト、戦士カースト、商人と労働者にあらかじめ区分されているのです。この厳格な身分制は、現代人の意識に異和感を与えます。しかし、第一後アトランティス文化期においては、この制度は人びとに異和感を与えませんでした。それは当然のことだったのです。当時は、魂のさまざまな能力次第で人間が四つの等級に分けられるのは、必要なことでした。それが厳しいことだとはまったく感じられませんでした。なぜなら、偉大な指導者たちが一人ひとりの魂の能力を四つの等級に分けたのですから。指導者たちは権威者であり、彼らが定めた制度は、当然従うべきものとされました。

この指導者たち、七人の聖仙たちはアトランティスで神々から教えを受け、人間がどう区別されるべきかを的確に示すことができました。ですから、人びとがグループに分かれて働くようになったのは、ごく自然なことだったのです。

第七文化期においては、まったく異なるグループ分けが生じることでしょう。第一文化期においてグループ分けがなされたのは、権威者の意向でしたが、第七文化期では、そうではなく、人びとはそれぞれ自分で、それぞれの具体的な観点に立って、グループに分かれることでしょう。

蟻の生態を見てみましょう。蟻の創り出す国家は、そのすばらしい建造物といい、途方もない課題を果たす能力といい、人間の国家をはるかに超えています。それにもかかわらず、私たちに異和感を与えるようなカースト制度が敷かれています。どの蟻も部分的な課題しか与えられていないのです。

こんにちの私たちでも考えることができます。――どんな社会にも制度は必要だ。そして一人ひとりがそれぞれの事情に応じた仕方でグループに分かれることに人類の未来があるのだ、と。そうすれば、労働の分担と同権とを両立させることができるでしょうから。この点で人間社会はいつか、すばらしい調和を示すようになるでしょう。私たちは未来の年代記の中に、社会の中でのそのような人と人との調和を読みとることができるようになるでしょう。そのとき古代インド期が甦ったのです。そして今、それと似た仕方で、第三文化期の特徴が、私たちの第五文化期に甦っているのです。

ここまで読んでおきます。

ここで述べていることは、基本的にはシュタイナーがいろんなところで述べていることですので、どこかでお読みになったか、お聞きになったりしたかと思いますけれども、重要なのは、いつでも歴史を見る際に、インボリューションとエボリューションで見るという考え方が、神秘学の歴史家の基本なのですね。

エボリューションというのは、ふつう何と訳すでしょうか。進化とか発展とかでしょうか。進化論の「進化」です。でも、進化という言葉の元の意味は、包み込まれたものがまた外に向かって拡がることなのです。逆はインボリューションですので、これは「退化」ではなくて、「中に入っていく」という形なのです。発展するというよりは濃縮、「濃縮」と訳しておきます。そうしますと、歴史というのはこういう形をとって、また次もこういう形をとっていくという

（黒板に書く）、そういう発想をしているのです。

こういうふうに人間の歴史のような生命のあるものを、こうして図式的に区分するというのは本当はおかしな話なのですけれども、一種の物差しだと思って下さい。物差しというのは、現実があって物差しがあるのであって、物差しがあって現実があるのではないのだから、この現実があって、この現実を物差しで現実をはかるというだけのことなので、現実がどこまでも中心ですから、この図式に合わせるわけではないのですね。

シュタイナーが言っているのは、人間の魂が肉体の中に入っていく度合いが深まれば深まるほど物質化する、ということです。これは「物質化」です。そして物質化が進んでいくと、その最後に今度はどうしてもふたたび方向転換して、霊的なものと結びつこうとする衝動がだんだん強くなっていくというのです。

実際にはどういうことになるのかというと、ギリシア時

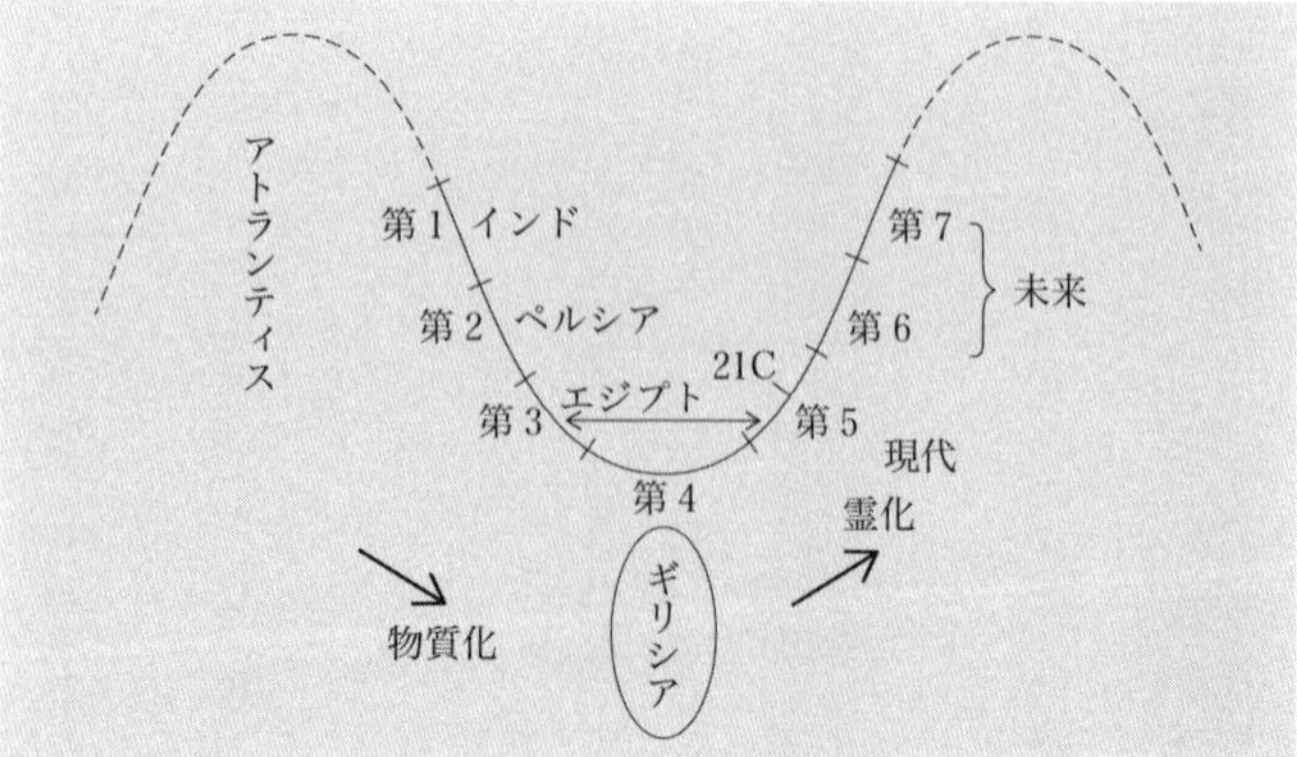

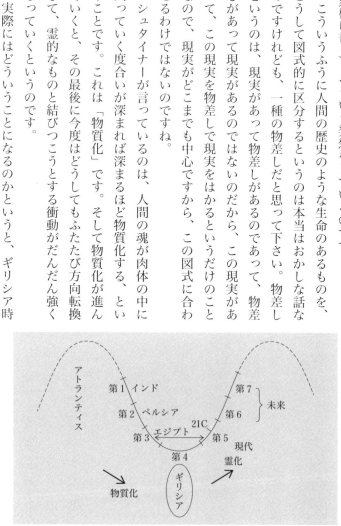

代に物質化の傾向が強くなったら、その強くなった傾向がどんどん実際は、この辺まで物質の傾向が強くなって、これが二〇世紀、二一世紀だとすると、二一世紀まで物質化のギリシア的な傾向がここまで及んでいるというふうに考えています。でもこの辺りから、またふたたびこちらの方向に上昇する機運が出てきた。その機運が出てきたことを、「啓示宗教」と呼ぶのだと言っています。

だいたいこのギリシアの真っ只中に、ブッダが生まれ、孔子が生まれ、イエス・キリストがこの世に受肉するという形が、この一番物質化した時代に集中的に現れるのです。そして、その傾向がだんだん第五文化期の霊的なものとの結びつきのために用意されていくと考えていて、その流れなのですけれども、そうすると、この第五文化期と第三文化期が、この「物質化」という観点で対応すると考えているのです。さらに、ペルシアと第六文化期、インドと第七文化期とが対応するのだ、と。対応の仕方はどういうことかというと、一番霊的な世界と直接結びついている時代が第一文化期と第七文化期なのだということなのです。

第四文化期というのはいつでも、霊界から離れて、一番物質の中に深く入っていく時代、そして現代われわれが生きている時代というのは、「霊と肉の対立」とよく言いますけれども、物質の世界にも非常に深い結びつきを感じ、霊的な世界にも深い結びつきを感じ、一種の分裂気味になっているのです。つまり、日常と非日常というのが分裂して二つに分かれているのですね。その点でエジプトも同じだという考え方なのです。それでこういう法則があると、シュタイナーは言っているのですね。

それでは今日は導入の話しかできませんでしたけれども、ここまでにしておいて、この話の続きは次のときにすることにします。よかったらこのテキストを終わりまで読んでおいていただけますか。いろいろ疑問点が湧いてくると思いますので、忘れないようにノートしておいて、次のときに質問してください。

最後になんか質問はあるでしょうか。どんな質問でもけっこうです。

……特にないようでしたら、終わりにいたします。

人間という秘儀に参入する

京都にて

2021年12月26日

［講演］

高橋　巖

皆さんこんにちは。大変な状況の中でおいで下さって、ありがとうございます。去年の暮れもそうでしたけれども、今年の暮れも、やっぱり大変な状況の中で、大事な問題を一緒に共有できるというのは、私にとってもすごく決定的に大事なチャンスだと思って、今年の八月、九月頃は、善と悪について考えたいと思っていたのですけれども、一〇月ぐらいになって、人間とは何なのだろう、ということをどうしても考えたくなって、こういうテーマに変えてみたのです。いつも京都に来て参加して下さる皆さんと大事な問題を共有するとき、なにか私にとっては特別の体験をさせてもらっているということを毎回とても強く感じるのですけれども、先回、秘教講義の勉強会の文集を出して下さって、それを繰り返して読んでいると、本当に力をいただいて、ありがたいと思っています。

あの文集の影響もあるのですけれども、今日お話ししたいのは、私自身の場合もそうなのですが、自己評価がどんどん下がっていって、自分という存在が自分でなかなか肯定できないことがよくあるのですね。特に夜中に目が覚めると、自分がやっていること、やってきたことを自分で肯定できなくなって、眠れなくなるようなことがよくあります。そういう自己評価がどんどん下がっていくと、必然的に人間に対する評価も下がっていくような感じがあって、無意識に人間に対して本当に深く尊敬できるという感覚がだんだん薄れてきているということに気づいて、びっくりしたりもするのです。

でも、あらためて「人間とは何か」ということをシュタイナーの思想に沿って考えてみると、人間という存在が本当に信じられないくらい深くて偉大な存在なのに、自分自身の内面が肯定できないと、自分にとっての人間評価も下がっていくということに、なにか一種の危機感のようなものを感じて、あらためて京都で、人間がどのぐらいすごい存在かということを皆さんと共有したい、という気持ちがすごく出てきたのです。

一一月、一二月の頃は、ここで皆さんと共有する問題を考えるときに、どういう話し方が可能なのか、あれこれ考えるのですけれども、考えるたびに納得できなくて、ですから今日は、あらためて人間がどのぐらいすごい存在なのかを、自分が感じている限りでお話ししてみたいと思っています。できたらそれについて、ぜひ皆さんのご意見も聞きたいと思っています。

シュタイナーは人間について本当にいろんな観点から語ってくれていますけれども、基本的には人間を外から見ると、宇宙叡智の結晶のようにこれ以上ない存在、いわば最終的な帰結として人間という姿を天地創造の神々が生み出してくれている。そういう信じられないくらい叡智の結晶が人間の体になって現れている、と一方で言いまして、他方、それは外から見たときのことであって、内から見ると、信じられないくらい人間の内面がボロボロになっている。特に時代が一九世紀から二〇世紀へと進むにつれて、人間の内面が何の霊的なエネルギーを持つことなく、ただ物質そのものと向き合って生きていく、ありえないくらいの危機的な状況に今人間が立っている、そういう発想をシュタイナーはいろんな角度から語ってくれているのです。

例えば、こんな言い方をしています。

太古の時代から、人間は霊的な体験を当然のこととして持ち続けてきて、その霊的な体験とともに、霊的なエネルギーを周囲の環境の中から流れ込んできていた。紀元一三〜一五世紀頃までは、人間は、とうぜん環境の中に霊的な働きを感じとっていて、それを生活の根本的なエネルギーとして生きてきたけれども、一五〜一六世紀以降、だんだん物質中心の方向に、言ってみれば自然科学的な考え方のほうに、人間に対する考え方も自然科学的な立場で見るようになっていくに従って、環境も霊的なエネルギーを持てなくなってきて、現在の私たちにとっての生活環境というものに、ほとんど霊的なエネルギーを感じられなくなってきている。

霊的なエネルギーがない環境というのはどういうことかというと、結局、社会そのものが唯物的な立場から考えざるを得なくなるに従って、シュタイナーのいうテクノロジーと金融資本主義、ひたすら儲かるか儲からないかという価値観だけで、地球環境そのものを唯物的に変えてしまった。しかし、あらためて人間の歴史を振り返ってみると、環境が人間に対して霊的なエネルギーを送り続けてきて、今日まで来ている。今はその霊的なエネルギーがほとんど枯れて消えつつあるけれども、過去を振り返ってみると、過去のあらゆる時代に環境が霊的なエネルギーを人間に送り込んできていた。

この問題が今日、ぜひお話ししたいことの第一なのです。

もうひとつ、自分の中でまだ完全に納得できない部分があって、今の時代の私たちが、自分を含めて評価するときに、いつも自分と他人を比べている。比べることで自分を評価しているということが、なにかすごく異常なことだということに、あらためて気がついたのです。現代の私たちは、自分も他人もすべて比較することで評価しているのではないでしょうか。

小学校のときから、学校の成績というのは、何人中何番とか、誰かと誰かはどちらのほうがより成績が優秀か、比較することで何かを評価するという、本来だったらありえない価値評価の基準だと思いますけれども、現代の私たちは無意識に比べ、比較することで評価している気がするのですね。まったく外的な関連で、誰だれは大学を卒業しているとか、誰だれは中学まででしか行ってないとか、まったくどうでもいいことのはずなのに、そういう評価の仕方、いつも比較され、あるいは比較しながら人間関係を作っていくということが、まったく納得できないと思っていて、もっとなにか全然違った世界・世間、あるいは環境に対する向き合い方があるのではないか、自分自身に対しても根本的に違う向き合い方があるのではないか、そんなことがすごく気になっていたのです。

そういう観点からあらためてシュタイナーの思想を考えてみると、その問題はシュタイナー自身が基本的に感じていることなのですね。比較することで評価する立場とか、環境の中に霊的な働きを見ないどころか、逆に奪っていくような生き方がこのまま続くはずがない、どうしたらまた、環境の中の霊的な働きを取り戻すことができるのか。それがシュタイナーの大事な課題のひとつだということを感じるようになりました。

それで、あらためてシュタイナーにとって環境とは何か、それを掘り下げてみようと思って、シュタイナーの書いたり語ったりしたことをそういう観点から読み直してみているのですけれども、その中でいくつか大事な観点が出てきて――これもぜひ皆さんに聞いていただきたいテーマのひとつなのですけれども――、一言でいうと、シュタイナーの現在の環境に対する考え方、私たちの周りに霊的なエネルギーがどんどん失われていって、唯物的な環境になってしまっているという問題について、シュタイナーがどういうふうな立場に立とうとしているか、そんなことを考えてみると、「時間を空間にする」という観点こそシュタイナーは大事にしているのが分かります。

時間というか、いろんな言い方をしていますけれども、私にとっては「歴史」ということなのですね。時間を空間にする。過去を現在にする。現在を通して過去と未来をつなげる。そういう観点からシュタイナーの立脚点を探ってみると、すごく重要なことがいろいろと語られていることに気がついたのです。その中のひとつは、思考と感情と意志についての観点です。

思考というのは基本的に、外に向けて対象の世界を拡げていく。思考によって認識を拡げていく。外に向けて拡げていくのが思考の役割だとすると、その外から流れてきたさまざまな事柄――思考内容になって自分のほうに流れてくる事柄――に、自分の内面から深く結びつこうとするエネルギーが湧いてきて、その外からきた事柄、言ってみれば思考内容ですけれども、この思考内容を自分のものとして受け取るエネルギーのことを、シュタイナーは「意志」と呼んでいるのです。そして、思考が外から受け取った事柄（思考内容）を、意志の力が自分のものにする。外に向かって思考の働きが拡がることをシュタイナーは「自由」と呼んでいるのです。その自由に、外から思考によって、あるいは感覚的な知覚によって取り込んだものを、自分の内部から湧いてくる意志の力によって自分の中に取り込むということを、シュタイナーは「愛」と呼んでいて、自由と愛が人間にとっての究極の価値だ、というのです。

無条件で自分の中に取り込む、その自由な働きをシュタイナーは「思考」と結びつけています。取り込んだ内容を自分のものにするために、意志がそれを自分のものと感じとれるように、自分の色に染める、その働きをシュタイナーは「愛」としています。それで、人間にとって究極の価値は自由と愛の働きであり、その自由と愛の働きで新しい時代をどうすればつくることができるか、そういう根本的な発想から、シュタイナーは、有機農法とか、あるいはシュタイナー教育とか、社会論とかに向かうのです。現在のこの世の霊的なエネルギーが枯渇して、このまま行ったら地球そのものが破滅に向かわざるを得ないという状況の中で、どうしたら時代を新しくでき、時代に生命を吹き込むことができるのか。どうすれば霊的なエネルギーを環境の中からふたたび受け取ることができるのか。シュタイナーにとっての、特に晩年のシュタイナーにとっての最高の課題がそこにあるのだということを、とても特に最近、強く感じるようになりました。

そのときに、先ほど少し言いましたように、歴史の問題がシュタイナーにとって非常に重要になってきたのです。歴史の問題は、シュタイナーにとってどういう在り方をしているかというと、歴史というのは、いずれにしても過去の出来事に関わる認識の仕方ですよね。過去の出来事を受け取るとき、基本的にそれはイメージとして受け取るので、実在ではなくて、仮象の中に過去の歴史が組み込まれているわけです。リアリティをもっていない。しかし伝統をもって、歴史として存在している。歴史の流れ、私たちにとっては経験の対象ではなくて、資料を読むとか、人からの話を聞くとかの形で、シュタイナーは「仮象」と呼んでいるのですけれども、要するにイメージですね。そういうイメージとしてしか受け取ることのできない歴史を、私たち一人ひとりが自分の中で、先ほど言いました思考と意志の力で、自由と愛の力で、一人ひとりの中で実在のものに変える作業が今求められている、というのです。

歴史というのをすべて現代史に変える。千年前の歴史も、歴史家が千年後にイメージするときに、そのイメージを自分の中で自由と愛のエネルギー、言ってみれば意志のエネルギーと結びつけて、一人ひとりの内部で仮象を実在のものにして、その実在のものを未来に送り込む、これがシュタイナーの歴史観なのです。資料で過去の歴史を調べるのではなくて、一人ひとりの中で過去という仮象を自分の中に実在に置き換え、その実在を未来に託すという作業を、「歴史」と呼んでいるのです。

私たちの個人の歴史でも、自分の過去は自分にとってのイメージの中、あるいは思い出の中でしか感じとれませんから、言ってみれば仮象です。でも、それを今の自分の中のエネルギーに変えることができれば、実在になります。一〇歳のときの自分の感じたこと、思ったこと、それを今の自分が受け取れば実在に変えることができる、とシュタイナーは言うのです。

不思議なのですけれども、物質的な環境と霊的な環境との関係でも、シュタイナーは同じことを言っていて、どうすれば仮象を現実のものに変えることができるのか。その問題をシュタイナーは――もともと美学者だったものですから――、美的な感覚で考え直しているところが多いのですね。どういうことかというと、前に何度もこの例を挙げてきましたが、目の前にあるペットボトルを「ペットボトルだ」と思って見ている限り、シュタイナーは仮象だというのです。でも、これをじっと見ているうちに、ペットボトルがここで一生懸命、存在しようとしてここに在るという感じで見えるようになると、シュタイナーはそれを「美的感覚」と呼ぶのです。どんなものも、ただ感覚的な知覚で見ていると仮象にすぎないけれども、そこに一生懸命在ろうとしているエネルギーを感じるというのは、実は自分の意志が対象と結びつくということですよね。感覚的な知覚と思考だけで対象を見ていると、そこにあるだけのペットボトルにすぎないので、私とは縁がつきません。

画家も彫刻家も、あるいは音楽家も、同じように何かを仮象としてそれを表現するのではなくて、何かが自分にとって、ものすごく生命を宿している何かだと思えたとき、それが芸術の作品になって表現されて現れるわけですよね。だから優れた芸術作品、絵画なら絵画の作品を見て、そこにエネルギーを感じることができるのは、その作品が、一生懸命在ろうとしているものの姿を表現しているからですよね。そういう造形的な感覚、それが単なる作品と素材との関係ではなくて、生きているときのあらゆる環境と自分との関係だと思えると、環境から霊的なエネルギーが流れてくる。シュタイナーはそう言うのです。

さらに、今、そのエネルギーがほとんど枯渇してしまって、流れてこない。でも、過去の時代はどんな時代も、霊的なエネルギーが環境から人間のほうに流れてきた、と。具体的に言えば、日本の環境というのはまったくその通りだと思うのですけれども、私たちの中の霊的な環境というのは、例えば、お寺とか神社とか仏像とかですよね。日本の伝統の中で、そういう作品が霊的なエネルギーを持つものとして遺してくれたおかげで、その傍で生活している人たちは常日頃、霊的なエネルギーを受け取って生きてきたわけですね。近所にお寺がある。近所に神社がある。小さな祠《ほこら》ですけれども、そこに生きた神様が祀ってある。そういう環境の中に生きている人は、環境から霊的なエネルギーを受け取っていましたよね。だから現代でも、あらためて環境から霊的なエネルギーを受け取りたいと思う人は、京都に行ったり奈良に行ったり、あるいはただ旅をしたりすることで、かつての、そこに住んでいた人たちが環境に送り込んでいた霊的なエネルギーを、今、取り込むことができますよね。そのために京都や奈良にエネルギーを受け取りに来るのではないかと思うのですけれども、旅をするということの本質も、そういうところにあると思うのです。

ですから、日常の中でだんだん失われてきた霊的な環境をもう一度取り戻して、それを未来に伝えるということが、シュタイナーのいう人智学的な思想の役割だ、ということになります。ことさら人智学ではなくても、霊的な問題に向き合っている人は、多かれ少なかれ理論とは別に、生活の中でのどこかで、そういうことを行っていますよね。旅をするのが好きだとか、神社に行くと必ず手を合わせて拝むとか。

そこで改めて現在、私たち人間が自分に対し、どうして評価が低いのか。自分を素晴らしいと思えない、夜中にふと目が覚めて自分のことをあれこれ考えるとマイナスのイメージしか浮かんでこない…。現在、日本では毎年、二万人前後の方が自殺して、自分の生命を捨てていますけれど、二万人の人たちにとっては、生きるということに意味が見出せなくなって自分を否定せざるを得なくなったのだと思います。最終的には存在そのものを否定せざるを得ないくらいに自己評価が低くなっている。それに応じて、人間そのものに対する評価も下がらざるを得ませんよね。そうすると、戦争で簡単に人を殺すことが何とも思わなくなってくる、どこか恐ろしい状況になってくると思います。

私はまだかすかに戦争中のことを覚えていますけれども、そのときの日本人の戦争に対する意識というのは、信じられないくらい馬鹿げていますけれども、当時は馬鹿げているとは思わないで、勇ましいとか健気なとか、道徳的に人を殺すことを評価できていたのですよね。

一九七〇年代の初めに三島由紀夫さんがそういう問題を真っ正面から考えて、自決することで表現するしかないところまで自分を追い詰めたのですけれども、三島由紀夫は人間を否定するつもりで自分が死んだのではなくて、時代そのものを蘇らせるために、自分が霊界から働きかけようと思ってこの世から離れていったのだ、と思うのです。戦争中の信じられないくらい愚かな自己否定、それがまた未来において繰り返されないとは限らなくなっています。日本を除けば、ほかのいろんな国が平気でまた相手の命を奪い合っている、そういう戦争に平気で巻き込まれて行きますけれども、基本的に自分を基にして人間を評価するときに、人間の自己評価が低ければ低いほど、人間に対する評価も低くなっている、なんかそういう基本的な考え方がどうしても出てきてしまうと思うのです。

そこで何が言いたいのかというと、実はもう二〇〇〇年前に、ヨーロッパでも東洋でも、グノーシスという思想が非常に大きな力になっていましたよね。グノーシスの思想。この思想というのは一言でいうと、アントロポスの思想なのです。アントロポスというのはどういうことか。人智学をアントロポゾフィーというように、人間のことをアントロポスと言いますよね。グノーシスでは最高の神様がアントロポスなのです。いわゆる神は、アントロポスの子なのですね。人の子なのです。人の子が神様なのですね。そういう途方もない信仰が東洋でもヨーロッパでも普及していて、そこでは最高の存在は、人間なのです。自分の中の最高の存在を感じとる、その課題がグノーシスの課題になっているのです。

これは本当にすごいことだと思いますけれども、どんな神様よりもアントロポスのほうが、根源的に存在している。だから神様と出会おうと思ったら、自分自身と出会うことになる。そういう思想をグノーシスというのです。考えられる最高の人間評価です。それに比べると、現代のわれわれというのは、かつて考えることができなかったぐらい人間を低く評価しているのではないでしょうか。何で人間をこんなに低く評価するのかというと、自分の評価が低いから、内側から自分を見ると、なんてつまらない人間なのだろう、と思わざるを得なくて、毎日毎日やっていることに自分は納得できない。自分が納得できないと、自分は人間だから、人間も納得できないという、そういう評価になってしまいますけれども、グノーシスはまったく正反対なのです。

人間こそ、考えられる最高の存在なのです。その最高の存在が自分の中で生きているので、それと真剣に向き合う、それが宗教ということになります。かつて私はそれと同じ思想を、韓国の「東学」という思想の中に見つけて、本当にびっくりしたことがあるのです。東学の思想は、自分の中に神様がいるという教えで、東学の人は手を合わせて拝むときに、私たちはこうやって（外に向かって）拝みますけれども、東学の人はこうやって（自分に向かって）拝むのです。つまり自分の中の神様なのです。

以前、東学のことをもっと知りたいと思って、韓国へ行き、金芝河《キムジハ》さんという方と出会って、現在の東学の流れの人を紹介してくださったことがあります。平凡社の東洋文庫に呉知泳著『東学史——朝鮮民衆運動の記録』（梶村秀樹訳）という本があって、引き込まれたものです。ほんとうに自分が変わるくらいすごいことが書いてありますけれども、韓国にもグノーシスと同じように、「最高の存在は人間である」という思想が一時、ずいぶんと強かったのですね。金芝河さんは別れる際、「日本に東学のことを紹介してください」と熱望されたのですが、まだまともに紹介できずにいるけれども。

ヨーロッパにも現在、グノーシスの流れと言われているのは、いわゆる神秘主義の立場の人たち、ブラヴァツキーのテオゾフィーも基本的にその流れを受けていると思いますけれども、当然シュタイナーも、グノーシスの流れから自分たちの伝統があると見ていたと思います。ロシアでも、二〇世紀の始めの頃、やはり一種のグノーシスの復興運動がありましたよね。ドストエフスキーとかトルストイとかの伝統が二〇世紀に流れていくと、経済学や政治学や、あるいは倫理学の分野でも同じように、人間を最高の存在として評価する思想がいろんな形で現れてきて、音楽家のスクリャービンとか思想家のベルジャーエフとかが輩出します。

基本は人間の中に神を見出すという発想で、人間を最高に高く評価するのです。ですからグノーシス、あるいは東学の思想から考えますと、私たちが日常生活している、その生活そのものが秘儀なのです。秘儀《ミステリエン》というのは、ひとことで何かというと、この世の物質的な生活から霊的な生活へ移っていく、そのプロセスなんですね。ですから、グノーシスの秘儀は、自分の中に神を見出す作業となります。

ヨーロッパの思想の中で、「人間の中に神が生きている」という発想は、実はキリスト教的には異端なのですね。それが認められてしまうと教会の意味がなくなってしまうということから、神と出会うためには、やはり教会に行って信仰を告白するというプロセスを大事にしようとすると、グノーシスは邪魔になる。それで、異端として排斥されていたのです。

そこでまず考えていただきたいのは、すでにたびたび述べてきたことですが、私たちは人間として、自分への評価がどうなっているのか、ということです。自己評価に関して、ほとんどの方がかなり点数が低いのではないかと思うのですけれども。それは人間に対する評価が低いのではなくて、人間に対する評価が高いために、自分がそのレヴェルに達していないと思って、自己評価が低くなるのではないでしょうか。いったん人間の中に神が生きているというグノーシスの立場に立つことができると、自分自身の内面の貧しさとか、そういうことも或るプロセスの中で見ることができるので、かえって自分が今こんなに自己評価が低いのは、自分の人間に対する評価が高いからだ、という発想も可能になってきますよね。

それともうひとつは、これも先に述べた、比較をすることで何かを評価するということです。現代日本に顕著な現象として、学校教育は、すべて試験制度で、試験で合格する、しないで、子どもを評価します。この教育システムは最低ですよね。子どもたちにとっては、自分をそういう形で評価されたくはないわけです。みんな一生懸命生きようとして生きているのだから、一生懸命生きようとして生きている子どもたちに序列をつけるということは、教育として最低です。ですから、シュタイナー教育には試験はありません。いっさい試験がなくて、一人ひとり一生懸命生きようとしていれば、その生きようとしている姿は最高に尊いということを子どもたちが学べば、お互いに相手を尊敬することもできるのでしょうけれども、点数で評価されて、五〇人中三五番だみたいな形で否定されたら、教育になりません。

晩年のシュタイナーは政治にまで関心があったものですから、そのシュタイナーの政治、あるいは社会に対する考え方を踏まえて、ドイツでは緑の党が今でも活発に運動しています。シュタイナーの流れですよね。ヨーゼフ・ボイスという人がやっぱりシュタイナーの影響を受けて、「社会彫刻」という形で、形の決まった彫刻を作るのではなくて、生きるということ自体を彫刻と考えて、それで秘儀参入を表現していたのですけれども、ヨーゼフ・ボイスのいう秘儀参入は、日常を生きるということが秘儀だ、という発想です。だから「秘儀はセントラルステーションで行われる」という有名な言葉を残しています。

シュタイナーの秘儀の考え方も同じで、私たち一人ひとりが秘儀の場なのです。秘儀の場で、どんな世俗的な行為の中にも、先ほど言いました自由と愛が生かされていれば、自由と愛が生かされることがまさに、秘儀に通じるわけです。だからセントラルステーションでも、歌舞伎町でも、どんなところでも、人間が一生懸命生きているところはすべて秘儀の場ということになります。

先ほども言いましたように、私たちの思考が、外からありとあらゆる思考内容を取り込みます。そうすると、その取り込んだ思考内容の中に、人間の内面の奥底から現れてきた意志が、その思考内容と結びつきます。シュタイナーは、自由と愛をそういう形で表現していましたけれども、思考の働きのほうを主として見ると、自由がそこに現れる。意志の働きのほうから見ると、愛がそこに現れて、外のものと内のものがひとつに融合し合う、それを秘儀の場と考えていたわけです。

ノヴァーリスに有名な断章があって、「運命と心情」――この「心情」は「感情」と言い換えてもいいのでしょうけれども――「運命と心情は同じ意味をもつ二つの異なる言葉だ」という断章があるのですけれども、運命と心情はひとつだ、言い方が違うだけだ、と。これもグノーシスの思想と通じ合っていますよね。シュタイナーは、「思考内容は、私たちの中にあるどの思考内容も運命です」と、どこかで述べています。私たちの中にあるどんな思考内容も運命の一部なのだ。

思考内容と意志の働きをひとつに結びつける働きを「感情」と呼んでいる、感情の働きは基本的に結びつけて融合する働きだ、そういう感情論というのはありますよね。シュタイナーの感情も同じように、結びつけて融合させる、互いに結び合わせて融合させ合う、溶け合わせる。そういう働きを感情、あるいは愛と呼んでいます。ノヴァーリスの断章は、「私たちの運命」という言葉を使うと、私たちの運命は、私たち自身の思考と感情と意志で作っていくものだ、と言っているようです。

グノーシスの有名な言葉で気に入っている言葉があるので、ここでちょっと紹介しておきます。今から一五年ぐらい前でしょうか。岩波書店からいちどきにグノーシス関係の本が何冊か出まして、書店へ行くと、たくさん並んでいたことがありました。めったにない機会なので、それを買って読んでいるうちに、「トマスの福音書」というものに出合いまして、「マリアの福音書」とかいろんな福音書があるということに、そのときやっと気がついたのです。

こんな文章が「トマスの福音書」の中にあったのです。

光の人の只中に光がある。そして、それは全世界を照らしている。彼が輝かないなら、彼は闇である。

何が言いたいのかというと、どんな人もあるときは光の人であり、あるときは闇の人だ、と。光と闇という対比の中で人間の存在の本質を語っているようですけれども、自分自身の中の霊的な力、それを「光」と呼んでいて、その光は言ってみれば、神の働きです。自分の中に神様が働いている。そしてその神様の光が、全世界を照らしている。でも、もし私たち一人ひとりが輝かなければ、一人ひとりが自分の中の神様と出会わなければ、その人は闇である。自分が明るくいられるかどうかだけでなくて、世界が明るくいられるかどうかは、自分が輝くか輝かないかによって決まる、と言っているのです。

もうひとつは、エイレナイオスという古代キリスト教の教父が伝えているグノーシス主義の主張が残っていて、エイレナイオスによれば、アントロポス、つまり人間ですけれども、こう言っています。

アントロポスとは、万物の、原初の［大もとの］父［お父さん］である。原初の始源［始まり］である。ほかのすべてのもとにあって、ほかのすべてのものを抱擁している［抱きしめている］。

初めに愛がある、と言っているのです。初めに愛がある。その愛は人間の愛だけれども、宇宙全体を抱擁している。抱きしめている。そんな言葉なのですけれども、そこにちょっと説明がこんなふうについていました。

グノーシスでは救い主を人の子、アントロポスの子と呼んだ。

救い主は神様ですけれども、グノーシスでは神様も人の子、アントロポスの子なのだ。

原罪ではなく、原無知が問題だ。

どんな人にも原罪があるのではなくて、どんな人にも原無知がある。

したがってグノーシスでは、救済と認識がひとつだ。

これを読んで、やはりシュタイナーの思想も基本的にはグノーシスなのだと、あらためて思ったのです。でもシュタイナーは、グノーシスか、あるいは正統派のキリスト教かという言い方は、全然しませんよね。なぜかというと、シュタイナーの思想の中には、グノーシスが一方にあり、もう一方に正統派のキリスト教があったら、二つが融合してしまうのです。二つが融合して現在のキリスト教が存在している、という発想をもつようになるので、グノーシスも、それから教会中心のキリスト教も、過去なのです。過去だと、実在ではなくて仮象なのですね。

それをシュタイナーは「歴史」と呼んでいるのですけれども、その歴史の中で、正統派のキリスト教と異端のグノーシスが仮象として存在しているのを自分が受け止めるとき、その仮象が現実に変わります。その現実に変わったとき、グノーシスと正統派のキリスト教は、自分の中で融合して、ひとつになっている。そのひとつになっている思想を未来に託すというのを、シュタイナーは「歴史」と言っているのです。

シュタイナーの立場からすると、私たちが過去を学ぼうとするとき、例えば一三世紀、一四世紀の日本の仏教思想を勉強してみたいと思ったとき、いろんな本が今は手に入りますけれども、その本を手にして、一三〜一四世紀の日本の精神史の勉強をするときは、まだ仮象なのですね。仮の姿。だけど、それが自分の中で生き始めると、それが現在の中で生命を蘇らせて、自分の中で生き始めます。そうすると、その人が鎌倉時代のエネルギーを受けて、誰かにそのエネルギーを送ることができます。そのとき、そのエネルギーは概念ではなくて、まさに生命ですから、その生命となった一三〜一四世紀の日本の宗教的なエネルギーが、二一世紀の誰かの中に生命をもって蘇ってくるという流れ、それをシュタイナーは歴史と呼んでいるのです。歴史は、仮象を現実にして、そして未来に託す、そういう作業だ、と。

それから今日ぜひ紹介したいと思う言葉が、それと関連してシュタイナーの言葉なのですけれども――シュタイナーの時代、今からちょうど一〇〇年ぐらい前の一九二〇年前後――、「唯物論が社会主義と結びつくと、絶対に権力に頼った独裁国家にならざるを得ない」、と言っていました。シュタイナーは「私たちはみんな社会主義者です」と言っているくらい社会主義を大事にしていたのですけれども、一方で、社会主義が唯物論と結びつくと、権力に頼って独裁国家にならざるを得ない、と見ていたのです。そこで、こんな言葉を残しています。

何らかの世界観にのっとって物質の不滅を主張する人は、一方では自由を否定し、他方では愛を否定しています。なぜなら、人間の中で過去のものが完全に消滅して仮象となり、その仮象から未来のものが新たに生成し、すべてが萌芽——種からの芽生え——になることによってのみ、過去に左右されることのないものへの帰依が、つまり愛の感情が生まれるのですから。そしてあらかじめ定められているのではない行為が、つまり自由が生まれるのですから。〔『宇宙の霊性と人間の物質性を結ぶかけ橋』第十二講、一九二〇年十二月十九日〕

ちょっと長い文章ですけれども、ちょうど一〇〇年前、ヨーロッパがヨーロッパの中だけで収まらないで、世界的に権力が拡がるようになった時点で、「何らかの世界観にのっとって」と言っていますけれども、これは「唯物論者になって」という意味なのですね。唯物論者になって物質の不滅を主張する人は、それだけで必ず自由を否定し、愛を否定することになる、と言っています。毛沢東以来、政治が唯物論と結びつくと、必ず一方では自由を否定し、他方では愛を否定する。シュタイナーにとっては自由と愛は究極の人類の目標ですから、その両方が否定される。なぜなら、人間の中で、今度は唯物論ではないのですね——

なぜなら、人間の中で過去のものが完全に消滅して仮象となり、［そこに］未来のものが新たに生成し、すべてが芽生えになる…。

これもシュタイナー独特の言い方で分かりにくいのですけれども、人間の中で過去が現在と同じように生き続けていくという発想をすると、どうしても権力に頼らざるを得なくなる。でも本来、人間の中で、過去のものはいったん完全に消滅して仮象となる。そしてそこに、未来のものが新しく生まれる。この基本を唯物論者は認めようとしない、と言っているのです。でも、未来の社会の一番大事なことは、過去のものがいったん完全に消えて単なるイメージになり、そのイメージを未来に託す、未来に新しいものがそこから生まれて、すべてが未来の芽生えになる。そういう形になるときにのみ、過去に左右されることのないものへの帰依が、「つまり愛の感情が生まれるのですから。そして、あらかじめ定められているのではない行為が、つまり自由が生まれるのですから」と。

シュタイナーが願っていた政治的なシステムの基本的な在りようを、こんなふうに述べているのです。でも、世界観が唯物論になってしまうと、「物質は不滅だ」という言い方をすることで、過去がずっと現在まで当然続いている、未来もまた過去がそのままの形で続いている、という発想にならざるを得ない。そうすると、その方向を保つためには権力が必要であり、独裁国家が必要となる。本来の政治というのは、そのときそのとき新たに無から始める、過去はすべて仮象となって、手本にはなりうるとしても、現実ではなく、いったんイメージだけになって、そのイメージから未来への方向が見えてくる。未来のものがそこから新たに生まれてくる。こういう形をとらないと、これからの時代の政治がすべて独裁国家になってしまう、そういう危機感なのです。そう述べたあとで、こんなことを言っています。

近代の自然科学的世界像の中には［近代の自然科学の上に立つ世界のイメージの中には］、自由と愛を本当に理解するようになるための拠り所がどこにも見出せないのです。

人類の究極の目標である自由と愛が理解できなくなる。それは考え方の基本が近代の自然科学的な世界観に則っている限りは、自由と愛を現実のものにする、そういう拠り所がどこにも見出せない、そう言っています。

今日は、何かいろんなことをお話ししなければいけないと思ってやってきたのですけれども、今まで話させていただいた一番のポイントというのは、自己評価の問題から出発して、人間の評価、それが自己評価を基にして考えるときに、無意識のうちに人間の評価も低くなっていく、なにかそういう危険が今の時代にあるような気がする。逆に私たちの中に未来に対する可能性、シュタイナーは「自由と愛」と言っていますけれども、未来に向かってあるべき人間の方向性が無意識のうちに否定されているのではないか。

その理由は、小学校、中学校のときに、何かを評価する際、ひたすら比較することで評価しているからではないか。一人ひとりが絶対的な存在と考えたら比較する必要がなくなるのですけれども、現在の学校教育では、比較することでしか優劣が決められないという立場で、客観的に優劣を決めるには試験をやって、その試験制度で何点を採れるかということだけで、人間のレヴェルが評価される。でも、それだったらまったく唯物論になってしまって、人間の内面の憧れとか希望とか、グノーシスのいう自分の中のアントロポスとか、そういうものに結びつく可能性が全部絶たれてしまいます。

どんな人も比較されるような存在ではない。まず第一に、自分は何かと比較されるような存在ではない、という立ち位置。そこに立てれば、たぶん人間の評価がどんどん高くなっていくと思うのですけれども、いつでも比べられることで自分が評価されるということになると、人間の尊厳というものは全然どこにも見えなくなってしまう。そうすると、自分の中にアントロポスという神が住んでいる、というような感覚は、まったく持てなくなってしまいます。そこの部分をぜひ今日、皆さんと考えてみたかったのです。グノーシスほどでないとしても、私たちの中に神様が住んでいるのか。あるいは私たちの中には悪魔だけしか住んでいないのか。

シュタイナーのいう「自由と愛」というのは、日常生活の中でどういう形で存在できているのか、存在できていないのか。まだそれに関連する問題というのはいろいろ出てくると思いますけれども、今日はとりあえず以上の話をさせていただいて、もしよかったらあとで話し合いに結びつけていきたいと思います。

以上で私の話は終わりにしたいと思います。どうもご清聴ありがとうございました。

編集後記

飯塚立人

本書『エジプトの神話と秘儀』は、高橋巖訳シュタイナーの三部作第三シリーズ、「人智学のパースペクティヴ」の第二巻である。シュタイナーは本書の全十二講の神智学協会員のための連続講義を、一九〇八年九月前半にライプツィヒで行った。同年の五月後半には、本書でも言及されているヨハネ福音書について、同じく全十二講の連続講義をハンブルクで行っている（『ヨハネ福音書講義』（春秋社））。存在の歴史を語る「歴史としての人智学」の代表作のひとつといえる本書を、高橋氏は町田で毎月開催されていた人智学講座のために、二〇〇三年九月から二〇〇六年六月にかけて翻訳し講義された。その町田の講座では、本書の前には『ギリシアの神話と秘儀』、本書の後には『聖杯の探求――キリストと霊界』（『キリスト衝動』（春秋社））の講義をされていた。

本書への導入として、高橋氏による町田講座の第一回の講義録、『「エジプトの神話と秘儀」を読む』を収録した。そこで語られる「自己克服」が本書のテーマであるといえる。現代における自己克服とは何であるのか。そのことがエジプトの神話と秘儀に秘められたヴィジョンの光に照らされて、見えてくるのである。高橋氏の一九七〇年刊の処女作『ヨーロッパの闇と光』（新潮社）は、エジプトについての一章「古代の光――エジプトとギリシア」から本論が始まるが、この導入の講義では、氏のエジプトとの不思議な縁も語られている。

秘儀を私たちの問題として「現代の秘儀」を考えるために、高橋氏の京都での二〇二一年末の講演録、『人間という秘儀に参入する』を収録した。秘儀との関係で「歴史」について語られているところ（二七二頁）を読むと、進化の歴史を本書のように語るときのシュタイナーは、人がそれを聴く中で、「秘儀に参入する」体験が持てるように語っている、と思えてくる。

このように人類の進化の中では、さまざまなことが見事に関連し合っているのです。霊的な関連に気づいたとき、……そのとき初めて人生の意味が大きく圧倒的に感じられ、人びとは偉大な全体の中に組み込まれている自分を感じとることができるのです。（二二六頁）。

大切なのは、今回私たちが見てきた事柄を理論として受けとるだけでなく、それを私たちの魂のエネルギーにすることなのです。今回学んだ事柄は、どんな人に対しても、実際生活上のどんな立場に対しても、為すべき何かを為そうとする衝動を与えてくれます。（二二九頁）。

本書のように語られる「歴史としての人智学」に集中することは、私たちが「現代の秘儀」に参入することでもある。

最後に、本書で中心的に扱われている「オシリスとイシスの神話」について語られた、高橋氏の文章を紹介したい。衝動を受けとめ新しく甦る「現代の神話」が、人智学なのではないであろうか。

ルドルフ・シュタイナーは、ヨーロッパの近代文明が基本的に悪魔の所産であって、その方向で世界が突き進んでいくと、おそらく二〇世紀末から二一世紀にかけての大きな転換期には、地球そのものの存在が破滅に向かうだろうと考えていたのです。そしてその危機意識の中で人智学運動を展開したのです。

シュタイナーの人智学というのは、インターナショナルなというよりは、純人間的な思想であって、ヨーロッパに生まれながら、白人社会をはるかに越えて、有色人種を含んだ人間全体の、一人ひとりの尊厳を徹底的に明らかにしようとした思想運動だと思います。それでは一体、一人ひとりの人間の尊厳をどう捉えようとしたのかというと、シュタイナーは、どんな人間も一人では本来の人間としての自己実現をはかることができない、人間は複数で存在するときにのみ、自己の尊厳を見出すことができる、と考えました。

二〇世紀初頭、彼が最初にオカルティズムの立場を明らかにした文献として、『神秘的事実としてのキリスト教と古代秘儀』という本がありますが、その中で今言いましたことに関しては、オシリスとイシスの神話を取り上げています。これはプルタルコスの書いた「オシリスとイシス」という論文によっています。

人間性の守護神オシリスが、セトという弟神の悪企みによって、とらえられ、肉体をバラバラに切り刻まれて世界中にまきちらされてしまいます。そうすると、妻であり妹であるイシスがそれをひとつひとつ捜し集めて、また再び新しいオシリスを復活させるのです。けれどもオシリスは、もはやこの世の存在ではありえなくて、冥界の支配者になる、というお話しです。

私の感想ですが、今日の人間の一人ひとりというのは、そういうふうに切り刻まれ、バラバラにされたオシリスの一片ではないでしょうか。どんなに自分が優れた天才だと思っている人でも、何の役にも立たないと思われているような人、あるいは自分でそう思いこんでいる人でも、同じように人間性の一つの断片なのです。そのような断片が集まったとき、初めて本来の人間が実現する、というとらえ方をすれば、それが人智学のいちばん根本の精神だと思います。

霊学も同じことで、一人の人間がどんなに悟りを開いても、その悟りの世界は本来の人間の叡智の一部分を映し出しているに過ぎないのです。様々な人間が結び付いて、いわば霊的な社会学のような観点で、ひとつの新しい人間関係が創られたとき、初めて一人ひとりの人間の内面世界が、霊界本来の姿をとって現れると思うのです。

これがシュタイナーの言う人智学、つまり人間の叡智の学問ということです。この場合の「人間」というのは、一人ひとりの人間というよりは、個々の人間という人間性の断片が集まり、社会的な関係性を作ることによって初めて実現される人間のことですが、それをシュタイナーはアントロポスというギリシア語を使って表現しています。アントロポスと同時にソフィア（ソフィアというのはイシスと同じ意味です。シュタイナーはよくイシス＝ソフィアという言い方をしました）の、人間性の断片の一つひとつをていねいに世界中を尋ねて集める役割も、また叡智もなければなりません。そのような事情についての学を人智学と言っていたのだと思います。また、アントロポス＋ソフィア、つまりアントロポゾフィーというのがドイツ語の人智学の原語ですが、アントロポスがオシリスで、ソフィアがイシスであるとすれば、シュタイナーは古代エジプトの叡智をドイツに復活させようとしたのだとも言えます。

こういった観点から考えると、今日における霊的文化の問題は、地域の問題であるとも言えます。

私は東洋の神秘学に特別に関心がありますので、晩年のシュタイナーが「もし自分が東洋人だったら、全く別の人智学を打ち立てたであろう」と述べたことを、大事にしようと思っています。というのは、確かにシュタイナーはオーストリアに生まれ、一生ドイツ語で自分の思想を表現した、典型的なヨーロッパ人ですけれども、彼の意図していたことは、ヨーロッパの思想を提示することではなく、いわば世界の未来のために有効な思想を提示することだったからです。

ですから、東洋で人智学を実践しようとするのだったら、シュタイナーが果たせなかった東洋的人智学というものをあらためて創る必要があります。それが彼の晩年の願いに応えることであり、後から生まれてきた者たちの課題だろうと考えています。

（「不完全な個、断片としての人間」『二一世紀の人智学』高橋巖 より
『AZ』一九八九年九月号［特集］こころと霊）

高橋氏はこの実践のために、現代という時代（第五後アトランティス文化期）において、西洋的文化の課題をエジプト時代（第三後アトランティス文化期）の文化の光で照らすことに対応するような形で、東洋的文化の課題をツラン時代（もうひとつの第三後アトランティス文化期）の文化（シャマニズム文化）の光で照らして探求する人智学のパースペクティヴをもっておられたのである。

二〇二四年一一月二九日

プロフィール

ルドルフ・シュタイナー　Rudolf Steiner（1861-1925）
ハンガリーのクラリエヴィェベック（現クロアチア）に生まれる。ウィーン工科大学卒業。ゲーテ学者、哲学者として活躍した後、1902年、神智学協会ドイツ支部書記長に就任。1913年、神智学協会を離れ、人智学協会を設立。霊学的観点から新たな総合文化の必要性を説き、その影響は宗教、芸術、教育、医療、農法、経済など、広範な分野に及ぶ。1925年、スイス・ドルナハにて逝去。著書・講演録多数。

高橋　巖　Iwao Takahashi
東京、代々木に生まれる。慶應義塾大学文学部大学院修了後、ドイツに留学。ミュンヘンでドイツ・ロマン派美学を学ぶなか、シュタイナー思想に出会う。1973年まで慶應義塾大学で教鞭をとる（美学・西洋美術史を担当）。1985年、日本人智学協会を設立。著書に『神秘学講義』（角川書店）、『シュタイナー哲学入門』（岩波書店）、『シュタイナー教育入門』（亜紀書房）、『シュタイナーの人生論』（春秋社）ほか、訳書に『シュタイナー・コレクション』全７巻（筑摩書房）、『秘教講義』（１～４、春秋社）ほか。2024年３月30日、逝去。

飯塚立人　Tatsuhito Iizuka
京都府生まれ。高橋巖著『神秘学講義』に出会い、シュタイナーを知る。京都教育大学で教育哲学を専攻。1984年より高橋巖人智学講座を受講。1989年に渡米。スタンフォード大学教育大学院博士課程でネル・ノディングズに師事し、ケアリングの倫理を学ぶ。1991年より日本人智学協会会員。ケアリング人智学・シュタイナー研究。編著に『シュタイナーの言葉』（春秋社）。

エジプトの神話と秘儀　　人智学のパースペクティヴ　2

2025年 1 月20日　第 1 刷発行

著　者＝ルドルフ・シュタイナー
訳　者＝高橋　巖
編　者＝飯塚立人
発行者＝小林公二
発行所＝株式会社　春秋社
〒 101-0021 東京都千代田区外神田 2-18-6
電話　(03)3255-9611（営業）
(03)3255-9614（編集）
振替　00180-6-24861
https://www.shunjusha.co.jp/
印刷所＝株式会社　太平印刷社
製本所＝ナショナル製本協同組合
装　丁＝本田　進

ISBN978-4-393-32567-4 C0011　　定価はカバーに表示してあります。